学級経営サポートBOOKS

JN040177

指導の本質を

「見抜く」

スルー？ or リアクション？

技　術

松尾 英明 著

明治図書

まえがき

　学級担任を長年やってきて，現場でのいわゆる「荒れ」や「崩れ」をたくさん見てきました。とても真面目ないい人，熱心な人が担任をしている場合でも起きます。何事にも大らかで人間的な魅力がある人であっても，やはり起きる時には起きます。

　そういったことが，どうして起こるのか。なぜ，真面目にやっている人でもそうでない人でも，荒れや崩れが生じるのか。

　この問いに対するヒントを見せてくれたのが，実は教育実習生たちでした。私は千葉大学教育学部附属小学校というところで勤務しています。教員養成の場としての機能がある学校なので，年間に教育実習生をたくさん指導する機会があります。

　彼らの子どもとのやりとりを見ていると，不適切な関わり方というか，「それをやってはまずい」というものがたくさん見受けられました。こちらがきちんと教えていないのだから，知らないのだし，当たり前です。つまり，私が自覚していない問題がそこに出ていたのです。自分としては経験上自然にやっていたことは，知らない人にとっては意識していないと当たり前にはできない，という事実に気付かされたのです。

　実習期間というのは，１か月程度であり，決して長くはありません。つまり，信頼関係をはじめとする人間関係どうこうは，あまり強く関係しない状況でのやりとりなのです。長い期間をかけて互いのことがわかっていくから指導が通る，という思い込みがあったのですが，どうもそれだけではなさそうなのです。

　子どもとの即時のやりとりの中には，「スルー」すべきところと「リアクション」をすべきところが分かれます。当たり前の例でいうと，「いじめられて悩んでいます」という相談をスルーする人はいないでしょうし，逆に授業中に突然関係ないことを言ってきたら「また後でね」とスルーする人がほとんどです。

しかし実際の現場での対応を見ていると，スルーすべきなのに関わってしまう，逆にリアクションすべきところを見逃してしまう，といった姿を数多く見つけることができました。つまり，問題の本質を見抜けていないのです。

　本書のきっかけとなるヒントは実習生から受けたものであるものの，内容の多くは私が学級担任として学校に関わってきた上で実際に経験してきたものです。どんなに一生懸命な学級担任であっても，誤った対応をしてしまうことは多々あります。

　本書は，特に経験の浅い若い先生にとって，大変有益なものになったと自負しております。それは本書を読むことで，一つ一つの状況への判断の迷いがなくなるからです。その判断が間違っていたのか，正しかったのか，日々打ち寄せる波のように次々と起こる各状況への判断は，経験による部分が非常に大きいのです。その答えが「間違いだった」とわかる頃には，手遅れになっているというのが現実なのですが，本書を予め読んでおくことで，その結果を高い確率で予想し，見抜くことができます。

　今の学校現場は，団塊の世代が抜けた後の大きな世代交代の時期であり，今後の学校教育の成否は若い人たちにかかっています。だからこそ，若い先生方には，この教師という仕事を楽しく，長く続けて欲しいのです。学級担任の仕事は，判断の連続です。スルー or リアクションを適切に選択できるようになるだけでも，日々の仕事は何倍もスムーズに，楽しくなっていきます。

　1章の理論から順に読んでいっても結構ですし，今必要な項目だけをたぐって読んでも大丈夫なように構成してあります。まずは目次を眺めて，興味のあるものを試しに読んでみることをおすすめします。

　本書が，素晴らしい学級・学校を作ろうと燃えている，あるいはうまくいかずに悩んでいる皆様にとって，有意義なものになることを願っています。

著者　松尾　英明

CONTENTS

第1章

トラブルの本質を見抜く技術

第2章
こんな時にどう動く？
スルー or リアクション

授業場面

生活場面

子ども同士の関係

教室環境

保護者との関係

同僚との関係

COLUMN

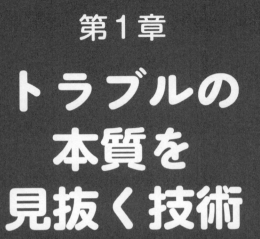

第1章

トラブルの
本質を
見抜く技術

見抜く技術の基本的な考え方

〜スルーかリアクションか〜

　学級崩壊という言葉が世に広まって久しいです。私自身はこの言葉を好みませんが，皆さん，それぞれにイメージがあると思います。

　学級崩壊というのは，端的にいって，大多数の子どもが教師の言うことを聞かなくなった状態です。教師によるコントロール不全を起こした状態です。

　ずばり，学習技能でいうと「聞くこと」ができない状態です。国語の学習指導要領に「話すこと・聞くこと」とありますが，実は雄弁に話せることより，真剣に聞けることの方がはるかに重要です。子どもが1時間の授業中に使う能力としても，どちらが多いかは自明で，圧倒的に「聞くこと」の方です。「話すこと」が表記上で先にあり，「主体的」というのも話す方のイメージが強く，世の中も「自己主張ができる者」を評価できる傾向があるため，この辺りが誤解されやすいところです。

　「子どもが話せないから学級崩壊」ということがあり得ないことからも，「聞くこと」の方が大切であるとわかると思います。数学的思考，知識・理解，運動技能等，他のあらゆる学習技能においても，これはいえます。つまり「聞くこと」が学校における学力形成の中核をなすといっていいでしょう。

　……さて，以上に述べたようなこと（特に強調部分）が「見抜く」ということです。学級崩壊という大きな問題についても，そのたった一つの根本原因を「見抜く」ことができれば，問題は半分以上解決したも同然です。要はこの問題の場合，全ての指導の中核を「聞く」ということに置くことで，学級の機能不全は起こり得ないといえるからです。逆にいえば，この「見抜く」技術がないために，学級経営が非常に苦しくなっているのではないか，というのが本書の最大の問題提起であります。

　これに附随したテーマとして「スルー or リアクション」を掲げています。

「見抜く」ができていないと，スルーすべき場面で余計なリアクションをしてしまう，あるいはリアクションが必要な場面でスルーしてしまう，というような失敗を犯してしまうからです。いわゆる「下手うち」をしてしまう，あるいは重要な問題点を見過ごしてしまうということです。

　ある物事についての経験の多い人，特にその分野のプロは，問題点を見抜き，要所に力を入れることができます。だから，余計なところに力が入らず，必要なところに徹底的に切り込むのです。

　スポーツ観戦などはこれがわかりやすいところです。「スルー」という言葉に関連して，サッカーを例にすると，得点をとったことがすごい，とられたら残念，ということは，サッカーはワールドカップ以外見ないという人でもわかります。一方で，サッカーを長年やっている人なら，「今の得点シーンでは，シュート以上に，直前に○○選手が相手のキーパーの視界の前に入って，ボールを見えなくしていたのが効いていた」というようなことも見抜けます。単純に得点がどうこうではなく，シュートが入るための要因がわかっているわけです。

　こういったことは，あらゆる分野にいえます。大事なポイントを見抜けるかどうかで，スルーなのかリアクションが必要なのかが的確にわかり，そこでの勝負が決まります。

　本書では，学校生活における各場面において，その時「スルー」すべきか「リアクション」すべきかを問う内容になっています。ぜひ自分自身の頭で考えた上で，その後の解説や「見抜く」ポイントを読んでください。

子どもの大人への見方を見抜く
～服従から信頼へ～

　子どもは，大人をどう見ているのでしょうか。

　結論からいうと，子どもは大人，特に親や教師に対し，「信頼」を求めています。信頼したい，そして信頼されたいのです。お互いの双方向の信頼関係です。

　信頼に結ばれた心地よい学級は，なぜ必要なのでしょう。それは子どもにとって，最も学びやすい環境となるからです。決して，教師が教えやすい，都合がいいということを第一に考えてはいけません。子どもは，大人のずるい考えを見抜きます。

　「言うことを聞かせよう」と考えると，「服従」という関係性の発想になります。子どもから教師，教師から子ども，どちらの方向に服従の関係があっても，子どもは不幸になります。

　飼い犬のように大人に服従して生きる「良い子」を育てたかったら，犬のしつけと同じ手法をとり続けます。アメとムチです。ほめると叱るの二つを駆使します。これを繰り返していけば，服従という関係を築けます。

　服従で成り立っている学級は，一見すると落ち着いて見えます。担任が望むことが正義であり，常に顔色をうかがうからです。言うなれば，「担任喜ばせ組」であり，危険な学級王国のような状態になります。

　ここを見抜ける力量が必要です。他の学級の服従関係が見抜けないようでは，自分の学級が見抜けるわけがありません。自分の学級の方が難しいのです。なぜならば，学級が「担任喜ばせ組」になっているので，自分の気分が

よくなってしまい，病状が進んでいることに全く気付けないのです。

　子どもたちに必要なのは，自分で責任をもって判断し，自分で解決する能力を身に付けることです。それが本物の「自由」という状態です。人の顔色をうかがって行動し，人に依存して生きるような，せせこましい人間を育ててはいけません。

　とにかく「猫可愛がり」して，「所有」したいという欲求を捨てます。子どもへの教育というのは，都合よく管理しやすくするためではなく，自らの力で生きていけるよう，力をつけて手放すために行うものです。

　この考えは，担任と子どもという縦方向の関係を考える上で，非常に重要で，根幹的なものとなります。担任と子どもというのは，立場上，上下関係は確実にあります。けれどもそれは，自分の支配下に置くということではなく，子どものすることに対して一切の責任を負うという意味でしかありません。実は教えながら教わるという面では，両者は平等なのです。

　目の前の子どもの自分に対する行動は，どうして起きているのかを見抜きましょう。それは，信頼によるものなのか，服従によるものなのか。
　ここを見抜く時に見誤ると，全く見当違いの，下手うちをすることとなります。

　そして何より，そのためには，こちらが子どもを信頼することです。子どもと信頼関係を作るというのは，気に入られたり，仲良くなったりすることとは違います。子どものご機嫌とりになるようでは，服従させられているという逆の関係になってしまいます。

　「あなたなら大丈夫」と心から言える関係を築いていきましょう。

子ども同士の人間関係を見抜く

～恐怖から友情へ～

　子ども同士は，お互いをどう見ているのでしょうか。

　子どもにとって友達というのは，互いに支え合う存在であると同時に，良き競争相手，ライバルでもあります。この基本原理を忘れないことが，子ども同士の人間関係を見抜く上での前提になります。

　「みんな友達」「誰とでも仲良く」という発想は，危ないです。その発想でいくと，嫌いな人がいてはいけないことになり，一人でいることも認められなくなります。

　そうではなく「みんな仲間」「誰とでも協力」という考え方がよいです。

　仲間と友達は，全く違います。大人の方がよりわかりやすいですが，例えば「職場の仲間」と「職場の友達」では全く違う存在になります。前者は仕事という共通の目的を達成するための集団のメンバーという意味ですが，後者はよりプライベートなニュアンスがあり，仕事上がりには食事や飲みに行くような間柄かもしれません。

　学級というのは，たまたま偶然に一緒になった集団なのです。はじめから仲良しの友達の集まりとは違います。同じ目的に向かっていく中で，たまたま気が合って友達になれることがある，という程度のものです。ただし**仲間であるので，好悪にかかわらず同じ空間に所属し，目的達成のための役割分担等を行って，互いに支え合っていく必要があります。**支え合う中で，仲良くなる可能性が高いということです。

　ここで問題になるのが，上下関係です。一緒に活動していく中で，力の強い者が上に立つことがあります。学級会長など，各種リーダーの機能もその

一つで，このリーダーとそれ以外という関係が発生すること自体は必要不可欠です。

　しかし，ここを誤って「命令する側とされる側」のような上下関係を築く子どもたちがいると，学級集団は乱れてきます。「仲良し友達グループ」の中にこそ，言動の力の恐怖による支配の関係が散見されます。ここの関係の問題を見抜く必要があります。

　これを，友情の関係に変えていくことが望ましいです。ここでいう<u>友情の関係とは，共感や信頼をベースにし，互いの存在を肯定し合う関係です。</u>いつでもべったりくっつくのではなく，互いに信頼し肯定しているからこそ，必要に応じて協力もできるし，独立しても動けるという関係です。

　この視点に立てば，例えば「毎回手を繋いでトイレに行く二人」という関係が，本当に友情の関係で結ばれているといえるのか，見抜くことができます。一見「仲良し」のこの両者を結んでいるのは，大抵の場合，友情ではなく，恐怖です。上下の支配関係です。握った手から「裏切るな」「私からこの人をとるな」というメッセージが発されている可能性を，見抜くことができます。

　そうではなく，友情や信頼関係で結ばれている仲間であれば，トイレぐらいそれぞれ堂々と一人で行けばいいのです。一方で，困った時には誰に対しても自然と手を差し伸べ合える，全員が緩やかにつながり合った関係性ができることが最高に理想的な状態です。

　本書では，子ども同士の人間関係を見抜く際には，この視点をもって観察していきます。

見抜く以前の教室環境を整える
～混沌から秩序へ～

　突然，教室環境の話が出てきて，何事かと思う人もいるかと思いますが，物事を見抜くのに必要な前提が，整った教室環境なのです。

　実は，環境的にごちゃごちゃして落ち着かない中だと，問題自体が隠れて見えなくなりやすいのです。

　わかりやすい例を挙げると，いじめやいたずらでよくある「物隠し」のトラブルです。当たり前ですが，物がそこかしこに散らかったような荒れた教室環境であれば，物がなくなったこと自体に気付くのが相当遅れますし，探すのにも大変苦労します。また，本人がただどこかに置き忘れただけなのに「盗まれた」と勘違いする可能性も高まります。教室環境の荒れが，様々な二次的な問題を引き起こすというほんの一例です。

　そして教室環境というのは，子どもが教室にいる間に，常に影響を与え続けます。教室に何の気なしに掲示している言葉自体も，常にメッセージを発しているということです。

　本来は子どもの心を豊かに育もうという善意からやっているはずなので残念なのですが，気になるものとして例を挙げると「ふわふわ言葉とちくちく言葉」と呼ばれる実践があります。これは教室に溢れさせたい明るくて心地よい「ふわふわ言葉」を模造紙の中央の部分にたくさん書き，その外側になくしたい嫌な言葉「ちくちく言葉」を書いて，それを掲示するというものです。「ふわふわ言葉」の方はいいのですが，問題は「ちくちく言葉」の方です。教室の壁を見ると，いつでも常に「バカ」「消えろ」という言葉が見えるとします。（この文章に書いて残すだけでも，嫌な気持ちになります。）子どもの心に，どういう影響を与えるでしょうか。その影響力の大きさがわか

っている人ならば，この実践を終えたら外側を確実に切り取ってから掲示をしているはずです。

　ただ「舌打ち」の音を聞くだけで，人間は強いストレスを感じるという実験結果も出ているように，人間というのは外的な刺激に敏感に反応してしまうものなのです。ですから，教室環境を整えるということは，子どもの心そのものを落ち着かせるために必須の大前提になります。

　教室環境を，混沌・無秩序の状態から，整った秩序ある状態へ変えていきましょう。そしてこれは，物を整えることに始まり，言葉を正すという過程を経て，行動の美しさに変わっていきます。

　全ての子どもがにこやかで笑顔が溢れる教室を想像してみてください。教室環境はどうなっているでしょうか。恐らく，様々なものがすっきりとしてきれいに整っているのではないでしょうか。言語環境はどうなっていて，どんな風に互いを呼んで，どんな言葉をかけていますか。子どもたちの立ち振る舞いは，どうなっていますか。もしも教室の誰かがうっかり給食のお盆を床にひっくり返して落としてしまったら，「大丈夫だよ」と優しく声をかける子どもがいて，周りの子ども数人がさっと片づけに協力している姿が想像できますか。

　「掃除を真面目にやらない」ということの本質を見抜けば，要は自分が使わせてもらっている場への感謝というものが欠けているのです。そしてその場合，まず道具の扱いがひどいことがほとんどです。掃除用具箱を見れば，学級の状態はあらかたわかるものです。

　様々なことを見抜く以前の，教室環境を整えるという視点でのチェックポイントを，教室環境の項で示していきますのでご覧ください。

保護者の真意を見抜く

～クレームから願いへ～

　保護者は，担任をどう見ているのでしょうか。

　保護者の一番の願いは，子どもが身体的にだけでなく人間関係をも含めて学校で安全・安心に過ごすことです。あくまでこの上で，学力についての要望も乗っかってきます。（だから，自分の子どもがいじめられているかもしれないという時には，学力向上についての相談はとりあえず出てきません。）

　子ども同様，保護者もやはり教師に対し，信頼感を求めています。信頼したいのですが，イマイチ信頼できない，というのが見え隠れする本音のようです。なぜかというと，**自分の子育てからして，どうにも不安だからです。**
　自分がうまくやれていない我が子に対し，他人がうまくやれる気がしない，というのは至極当然な思考の流れです。

　逆に，特に何も言わずに預けてくれる場合もありますが，それは保護者自身の教育方針がしっかりしていて，子どもを信頼している場合か，あるいは自分の仕事が忙しすぎるなどで，あまり子育て自体について関心が深くない場合がほとんどです。教師自身の人間性が信頼されているというような，こちらにとって都合のいい状況は，あまりないと考えていいでしょう。

　そういった保護者の真意を見抜く前に，あるべき対応の原則があるので，そちらを先に述べます。

　それは，保護者に対して，丁寧な対応をするということです。
　年齢とか立場とかそういうことは関係なく，「丁寧」の一点に限ります。これは決して相手の言いなりになるとか，卑屈になるとかいうことではあり

ません。こちらの態度が凛として，相手を敬い，丁寧であるということです。

　それは，**担任が「大事な子どもを預からせていただいている」という立場だから**です。子どもは物ではないので，いい例とはいえないかもしれませんが，次のように考えます。

　自分の宝物があるとします。それを自分の代わりに預かって大事に保管してくれるという「金庫」があるのです。
　その対応をしてくれる係員が，横柄だったりいい加減な感じだったりしたら，どうでしょうか。預けること自体が不安になりませんか。

　学級担任は，宝物を預かっている立場なのです。だから「全ての対応が丁寧」というのが大原則なのです。これは，宝物そのものである子どもに対するところからでもあります。子どもへの対応は，必ず保護者にも伝わっています。「上下関係」というような小さな問題ではなく，「人間としての関係」であり，職務上の責務ともいえるので，保護者にも丁寧，子どもにも丁寧に接する，というのが基本的な態度になります。

　さて，それだけ大事なものを預けているとなると，そこに問題があったかもしれないとなれば，文句の一つも言いたくなります。いわゆるクレームです。しかし，この**クレームというのは，一般的に「改善してくれるかもしれない」**という期待の裏返しでもあります。ほとんどの場合，何か不満があっても言うだけ無駄と考えるか，自分が我慢すればいいと思ってしまって，何も言わないものです。つまり，**クレームをわざわざ言ってくる保護者の裏側には，必ず前向きな願いがあるのです。**
　ここを見抜くための視点を，保護者との関係の項では紹介していきます。様々な背景があるため，確実な対応はないかもしれませんが，一緒に探っていきましょう。

職員同士の関係を見抜く

~愚痴からリスペクトへ~

　最後は，職員同士の関係を見抜くことについてです。学級経営とは直接関係がないように思いますが，大いに関係があります。それは，子どもにとって身近な大人の人間関係，つまり学校における職員同士の人間関係というのは，子ども同士の人間関係にそのまま反映してしまうからです。

　平たくいえば，**チームワークのいい学年集団に担任されている子どもたちは，同じようにチームワークのいい学年・学級になっていきますが，逆も真なり，ということです。**「自分の学級さえよければいい」という教師のもとに育った子どもたちは，大抵が閉鎖的になります。自分に身近な小さな集団の中ではうまくやるのですが，どうしても利己的になるので，外に向けた広い思いやりの心が育たないのです。例えば運動会でせっかく勝っても，他の学級を見下して馬鹿にする，というようなことが起きる最低の集団に育ってしまいます。

　職員同士の関係を見抜くこと自体は，難しくありません。そうではなくて，職員同士の，些細に見える言動等に潜む問題点を見抜くことが大切になります。

　職員同士に限らず，愚痴というのは，仲間内で出てくる特徴的なものの一つです。愚痴そのものは否定すべくものではなく，本人の溜飲を下げてストレスを軽くするという意味があります。

　愚痴の内容で多く出てくるのは，当然ですが，会社でいえば顧客にあたる，子どもや保護者に関するものです。特に，学級経営が辛い状態の人は，愚痴も多くなりがちです。校内でも「有名」になっているような，何かと当たり

の強い保護者をもつ子どもを担任する人の苦労も，並大抵ではありません。これをただ「愚痴っていないで何とかして」というような職場では，同じチームメイトの態度としては相当問題があるといえます。

　一方で，愚痴るだけの関係というのは，あまり集団として強いとはいえません。職員間で目指したいのは，ただ愚痴を言い合うだけではなく，リスペクトし合える関係性です。
　相互リスペクトという高度な関係性をもった職員集団になるためには，負の要素を消していく必要もあります。

　例えば教室環境の項でも書きましたが，環境です。物質的な環境はもちろん，言語環境も大切な視点です。職員室でどのような話題が行き交い，どのような言葉が使われているのか，ここについての視点を示していきます。

　また，職員間には上下関係も存在します。立場の違いがあるのだから当然です。ここには自分が上の場合と，下の場合が存在します。自分が上の立場にいる場合は改善に向けて何かと動きやすいかもしれませんが，この本の読者を想定すると，自分が下という場合の方が多そうです。そうした状況においても，問題点の本質を見抜いて，自分にできることを考えられるようになる視点の在り方を紹介します。

　同僚との関係の項では，愚痴を言い合えるぐらいの関係づくりに始まり，そこから互いをリスペクトし合える関係に発展していくために，どのような視点で職員室の中を見ていけばいいのかということを記述していきます。

COLUMN

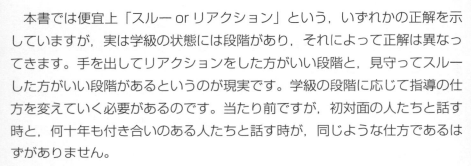

クラスの成長とスルー or リアクション
〜学級の４段階で，スルー or リアクションは変わる〜

　本書では便宜上「スルー or リアクション」という，いずれかの正解を示していますが，実は学級の状態には段階があり，それによって正解は異なってきます。手を出してリアクションをした方がいい段階と，見守ってスルーした方がいい段階があるというのが現実です。学級の段階に応じて指導の仕方を変えていく必要があるのです。当たり前ですが，初対面の人たちと話す時と，何十年も付き合いのある人たちと話す時が，同じような仕方であるはずがありません。

　わかりやすく，次のように考えます。

①第１段階…教師の指導性も子どもの自由度も低い「学級開き」
②第２段階…教師の指導性が高く，子どもの自由度は低い「一斉指導」
③第３段階…教師の指導性も子どもの自由度も高い「ペア・グループ活動」
④第４段階…教師の指導性は低く，子どもの自由度が高い「自治的活動」

　ちなみにこの理論は，私の考えたものではなく，上越教育大学教職大学院の赤坂真二先生のものです。この本と同じ明治図書発刊の，赤坂真二著『スペシャリスト直伝！　学級を最高のチームにする極意』の２章に詳しく書かれているので，興味のある方はこちらの書籍にもあたるといいと思います。

　つまり，まだ色々と手取り足取り教えなければならない第２段階までであればリアクションが多くなり，第４段階の自治的集団であれば，基本的にスルーが中心となっていくということです。

　自分の学級の段階を見極めて，スルー or リアクションの選択をしていくことが大切になっていきます。

第2章

こんな時に
どう動く？

スルー
or
リアクション

〜リアクション？〜

「今言った…」ことを
質問されてしまった時

〜スルー？〜

　次は，体育の時間。子どもたちは早速着替えを始めようと，そそくさと動き始めます。ざわついているため，教室に響く大きな声で次のように伝えました。

　「次の時間は体育だから，なわとびを使いますよ。持っていってね」

　こう言った直後，大きな声で次のような質問が聞こえてきました。

　「先生〜！なわとびは持っていきますか〜!?」

　さて，この状況にはスルー or リアクション？

スルー　　　　　　　　　　　　　　リアクション

　この状況は，前提として「聞く体制」が整えられていません。持ち物を説明するという場面で最も大切なのは「伝わる」という一点です。そこで大きな声を出すことは，意味がないどころか，害悪ですらあります。なぜなら，この状況で教師が大きな声を出せば，より大きな騒ぎ声を被せてくるというのが子どもの一般的な反応だからです。

　だからといって，同じ状況で繰り返し丁寧に説明するのも無駄です。同じようにだめな結果が繰り返し待っているだけです。

　一方，ここをスルーしてしまうと，混乱状態のまま授業に突入することになり，後でより困ります。

　では，どうすればよいのでしょうか。

聞いていないのではなく，聞こえていないことを見抜く。

「聞く体制」をまず作りましょう。子どもが既に動き始めてから何かを言っても，言葉が宙を舞うだけで，全くの無駄です。無駄というよりも，子どもが「先生の話は聞かなくてもいい」「騒がしい時はより大きな声を出せばいい」ということを学習する点で，害悪ですらあります。

これは，体育指導の原則でもあります。体育のように活動が多い教科においては，**子どもが活動を開始してからの説明というのは「ノーカウント」扱いです。何度言おうが丁寧に言おうが，だめです。**

今回のケースでも，一度集めて子どもが席に座ってから話すなど，落ち着かせてから話をすれば，大きな声などなくても伝わります。基本的にどんな状況であれ，「大声を出したら負け」と覚えておくとよいでしょう。（大声を出すのは，危険を伴う緊急事態の時と，運動会の応援の時ぐらいです。）

また，説明の仕方として，**基本的に上策なのは「視覚を使った説明」**です。昨今ビジネスでも活用されている NLP でも，「視覚」「聴覚」「体感覚」の三つの感覚のどれが優位かは，人によって違うという前提でトレーニングを行います。その中で，視覚優位の人の割合は最も高く，他の感覚が優位な人にとっても視覚情報は助かるものとなっています。（一方で聴覚情報は，苦手な人にとってはただの「音」です。）今回の場合なら，説明をする際に，なわとびを手に持って，見せながら話す方がいいでしょう。

また，見せても聞かせてもわからないという子どもの場合，「周りの子どもを見て真似る」という方法を教えることも有効です。発達段階に応じて，できる方法を探っていきましょう。

まとめ

大きな声を出すより，説明がよく伝わる環境づくりに力を入れよう。

リアクション？

子どもが授業開始に
遅れてきた時

スルー？

シチュエーション

　業間休みが終わり，次は算数の時間。授業開始の時刻になり，ほとんどの子どもは席に着いて準備をして待っていますが，数名の子どもが未だ教室にも入っていない状況。

　３分が過ぎた時点でパラパラと帰ってくるものの，２名は未だに教室に入ってきません。５分が過ぎた時点で「遅れましたー！」と大きな声で教室に入ってきて，席に着きました。

　さて，あなたならどうしますか？

 スルー  リアクション

　まず初期対応の時点の下手なリアクションとして，「揃うまで待ちましょう」などと全体に言ってしまうと，揃うまで徹底的に待つ覚悟が必要となります。この時点で，苦難の道を選んでいます。絶対にスルーできない状況を自ら作ってしまいます。こうなってしまうと，スルーの選択肢がとれなくなります。まずここをしないことです。

　次に「待ってたよ。時間は守ろうね」と笑顔で優しくリアクション…なんてこともやってしまいがち。ルール違反でもお咎めなし。真面目な子どもが損をした気分になること必至です。

　下手なリアクションはだめ，かといって単に流してもだめ。

　では，どうすればよいのでしょうか。

遅れてきた意図を見抜く。

　学級経営における大原則は「**真面目を優先する**」です。つまり，時間を守って席に着いていた子どもが最も良い思いをするようにする。これをまずおさえてください。ここに尽きます。

　そう考えると，まず「揃うまで待つ」という対応自体が間違いです。会議でも何でもそうですが，開始に遅れる人を待つ必要はありません。遅れたら各自が責任をもって，追いつくように努力すべきです。

　「遅れてくる」という課題自体が，こちらのものではなく子どもが克服すべき課題です。成長の機会を奪ってはいけません。それによって困ろうが何だろうが，自分の勝手で遅れてきたのだから，取り戻すのも自分で頑張らせましょう。それが社会に出てからも役立つ経験です。ですから，まず「揃うまで待ちましょう」の言葉自体を発さないことです。

　さて，そうはいっても，遅れてきた子どもをどうするか。実は，放っておかれてどんどん進んでいる時点で，既にある程度のメッセージにはなっています。諭すという観点で一言付け加えるとしたら，笑顔で「次は間に合うようにするといいかもね」です。遅れても怒ってもいないし構わないけど，ただし自分で責任をとるのですよ，ということを暗に伝えていくことが大切です。見えているからこそ言える言葉であり，笑顔でも迫力があります。

　なお，特別支援教育の視点として，実は「時刻がわからない」ということがあります。「アナログ時計ならわかる」「デジタル時計ならわかる」ということもありますので，専用の時計を置く，2種類用意するというような対応もあります。可能性を想定し，子どもの困り感に寄り添っていきましょう。

まとめ

遅れる子どもを見ないで，間に合っている子どもを見よう。

リアクション?

授業で間違えた友達を
馬鹿にする時

スルー?

　授業中，算数があまり得意でないＡさんが黒板で筆算をしていると，計算ミスがありました。すかさず算数の得意なＢさんが「違いま〜す」と馬鹿にしたように間違いを指摘しました。Ａさんはびくっとして，固まってしまいました。

　さて，この場面あなたならどうしますか？

 スルー　　　　　　リアクション ○

　ここをスルーすると「間違いはいけないこと」という前提，思い込みが強化されます。

　実際，教師も子どもも「教室は間違うところだ」という言葉はよく知っている割に，意外と間違いを歓迎できていない様子が散見されます。「どうせなら間違わない方がよい」と思っているわけです。これでは，間違えた時に，否定的な意見が出るのは当然です。

　また，間違いの指摘の仕方にも問題があります。Ｂさんの態度には，正解がわかっている自分は偉いのだという傲慢さが見えます。スルーした場合，Ａさんだけでなく，このＢさんにとっても大変悪い影響を与えます。

　叱ってもかばってもだめ。かといって，馬鹿にする子どもを放っておいてスルーしてもだめ。

　では，どうすべきなのでしょう。

教室内の「間違い」への誤った信念を見抜く。

　前提となる信念が誤っているため，リアクションのポイントとして，文字通り「間違いは宝物」という前提で対応します。つまり，まずは間違った筆算をしたＡさんへの称賛です。「Ａさんのこの間違いは，まとめのテストなどをする時，とてもよくあるものなんだ。みんなの中にも，放っておいたら，間違えた人が出たかもしれない。でも，もう大丈夫。Ａさんがここで間違いを見せてくれたお陰で，次からは気を付けるようになるよね。こういう間違いは，クラスの宝物なんだよ。Ａさん，価値のあるいい間違いをしてくれたね！ありがとう」と**全肯定します。**

　更に，Ｂさんへの対応は「Ｂさんはよく間違いに気付けるね。でも，自分で間違いに気付けない時もあるよね。そんな時，どんな風に教えてもらえたら嬉しいか，考えてみようね」と諭します。相当だめな行為なのですが，こういう指摘をする子どもは，変にプライドが高いものです。真正面からだと反発を生むので，「よく気付ける」と肯定した上でやんわりと指摘します。

　ちなみに，この対応は，一回では効果がありません。事あるごとに同じことを語ります。授業中はもちろん，生活のあらゆる場面でもそうです。**「宝物発見！」**というような短い合言葉にしてしまってもいいです。そうすることで本当に「間違いは宝物」という風土が築かれていきます。

　先に述べたように，そもそも教師が「間違えさせないように」と考えているようでは，子どもも到底宝物と思えるわけがありません。間違えない方が予定通りスムーズに事が進むので，間違いを嫌うのですが，**授業は回り道にこそ価値があります。**まずは自己の意識改革から取り組みましょう。

まとめ

「間違いは宝物」の信念を，教師から教室に広げよう。

\リアクション?/

授業中，真面目に
話を聞いていないと
気付いた時

\スルー?/

　国語の授業中，こちらは真面目に話しているのに，Aさんはぼーっとしていて上の空。BさんとCさんはおしゃべり。Dさんは手いたずら。Eさんは机の上に覆いかぶさるようなだらしない姿勢。

　授業中とは思えない，あまりにも不真面目な態度です。

　さて，あなたならどうしますか？

スルー ＆ リアクション

　スルー or リアクションと尋ねておきながら，ずるい回答に思えますが，これになります。

　スルーは，聞いていない子どもに対して。リアクションは，聞いている子どもに対してです。

　まず前提として，授業中なのに，なぜ真面目に話を聞かないのか。これはずばり，授業がつまらないからです。あるいは，聞く価値がないと判断されているからです。もしもそうでないなら，多くの子どもが話を聞いているはずです。「つまらないものを我慢させている」という点でアウトです。これを「きちんと聞きましょう」というリアクションで対応して，聞くようにさせてしまったら，ロボット人間の生産という意味で，逆に危険です。問題は，聞く態度以前ということを自覚することがスタートです。

　では，どうすればよいのでしょうか。

真面目に聞いている子どもは誰なのかを見抜く。

　話を聞く力。これは，学力の中心です。昨今は「話す力」の方が重視されがちですが，35人いたら，子どもは自分が話す時間1に対し聞く時間34です。ここに先生の話まで入るわけです。どちらが重視すべき力かは明白です。

　さて，話を聞けない状態というのは，問題だらけです。先生自身が疲れるという問題も勿論ありますが，それ以上に，きちんとやろうとしている子どもが疲れてしまうという問題が大きいのです。

　例えば，先生の話や仲間の発言・発表をきちんと聞きたいのに，勝手なおしゃべりの声や一部の勝手な発言に遮られて聞けないことがあります。

　もし先生が途中で勝手に喋った人に対応したなら，それが終わるまで待たなければいけません。それが何度も繰り返されれば，当然話に集中できなくなります。黙って真面目に聞いている方が損をするのです。それなら，自分も勝手におしゃべりして聞いていない方がいいと学習してしまいます。

　「真面目にやる人に損をさせない」というのが基本方針です。よって，ここを落とさないようにします。ここは，聞いていない人へはとりあえず対応しない，というのが正解です。代わりに，真面目に聞いている子どもの方を見て話し，きちんと対応します。これで，少なくとも真面目に聞いている子どもが損をするという事態だけは防げます。

　当たり前ですが，いつまでもこれでいいわけではありません。普段から，話を聞くことの大切さを確認し，それが人を大切にすること，自分を大切にしてもらうことにつながることを実感させていきます。その上で先生は，なるべく普段から聞く価値のある話をすることです。日常が全てなのです。

まとめ

聞いていない人は，とりあえず放置。真面目な子どもに損をさせない。

\リアクション?|

指名されたのに
黙って突っ立って
発言しない時

|スルー?|

シチュエーション

　道徳の授業中，「この主人公の行動についてどう思いますか？」と発問し，Ａさんを指名。指された Ａさんは，何も言わずに黙って立っています。しばらく待っても，無反応。「何でもいいから」「どんな意見でもいいんですよ」と言っても黙って突っ立ったまま。沈黙の時間が続きます。

　さて，あなたならどうしますか？

 スルー  リアクション

　この例の場合，多くは緊張して発言できないことが考えられます。そこに強要するように接していっては，尚更喋ることができなくなります。

　また「何でもいいから」というのは緊張している相手に「緊張するな」と言っているようなもので，無理な要求です。何も言えないから黙っているわけです。

　この「何か言いたいけれど言えない」という原因を無視した対応では，全てうまくいかないことが明白です。リアクションをとればとるほど，ドツボにはまっていきます。

　しかし，完全なスルーでは，この子どもの考えも引き出せないし，突き放した感じになってしまいます。それは避けたいところです。

　では，どうすればよいのでしょうか。

発言したいのにできないという気持ちを見抜く。

　なぜ何も言えないのかという原因を考えましょう。まず考えられるのは，発問自体が曖昧で，何を答えたらいいかわからないというようなパターンです。この場合，こちらの問い自体を見直して，全体にもう一度問いかけ直す必要があります。この時もう一度Ａさんを指名するかどうかですが，「今度はどう？」と軽く尋ねる程度にして，困っているようなら「もしも後で考えがまとまったら教えてね」と一旦流して，他の子どもを指名するのが正解です。これは問い直さない場合でも使える手法で，キーワードは「もしも」と「後で」です。こうすることで，子ども自身に選択の自由を与えられます。

　他の原因として，言いたいけれど言えないということが考えられます。考えがまとまらない，あるいは言葉にできないというパターンです。これも無理強いしても出ないので，「もしも」「後で」で時間を置くのが有効です。

　また，黙っていること自体を指導したいという場合もあると思います。これは，個別に指導するよりも，改めて別の場で「わからない時はパスしても全く問題ない」というルールを設定し，「何も言わないよりパスしますの一言があると助かる」ということを指導しておきます。その上で「パスあるよ」と一言かければ，黙って突っ立っているという事態は減ります。

　ちなみにこの例では，特別な支援が必要な子どもの場合は，対応が変わります。例えば場面緘黙で，緊張して喋ることができないという場合，さらりと流してあげる，あるいは周りの子どもがサポートするのが上策です。また，「音声情報だとわからない」という場合もあるので，黒板に書くなど視覚的な情報を添えて提示をするようにしましょう。

まとめ

発言しないのではない。発言できないのだと考えよう。

〳リアクション？〵

授業中の手いたずらに
気付いた時

〳スルー？〵

　授業中，気付くと手いたずらが多く発生しているある教室。ある子どもは消しゴムで練り消しを作り，ある子どもは大好きなアニメの下敷きを眺め，ある子どもは折りたためる定規をひたすら開閉し，またある子どもは机の中の何かをいじっています。

　やる方も周りの子どもも，授業に集中できません。

　さて，あなたならどうしますか？

スルー

　これをスルーしておくということは，授業に参加しないことを認めるということになります。更に，周りの子どもからも「注意して欲しい」「何とかして欲しい」という声が上がるはずです。スルーできません。

　さて，リアクションですが，単純に考えてまず注意することが考えられますが，注意したり叱ったりしてやめるくらいなら，とっくの昔にやめているはずです。恐怖による抑制には一時的な効果しかないのは明白です。また，「お願い」してもやはり無駄で，その時はやめても，気が付いたら本人の自覚もなく手いたずらを始めていることが目に見えています。

　手いたずらの類いというのは，実は意識に直接働きかけてもだめなのです。

　では，どうしたらいいのでしょうか。

「手いたずらしたくなる環境」にあることを見抜く。

　結論からいうと，この教室は手いたずらを促す環境にあります。手いたずらの原因を考えます。手いたずらの場合，「なぜ」という視点と「どうやって」の両方で考える必要があります。「なぜ」の視点で考えると，「集中していないから」と考えがちですが，実は集中している時でも手いたずらが止まらない人はいます。大人でも，考え事をしながらひっきりなしにペン回しをしていたり，貧乏ゆすりをしたりという人が結構います。つまり，無意識の行動なのです。**大抵の手いたずらは，モノが介在していることがほとんどです。なので，手いたずらを促すようなモノを周りから排除していく必要があります。**普段から「音がするもの」「匂いがするもの」「キラキラするもの」「好きなアニメが描かれたもの」等，集中力を削ぐ道具を使わないよう約束しておくことです。シャープペンシルや，いい匂いのする消しゴム等に罪はありませんが，やはりそういう点で集中力を削ぎやすい道具であることは間違いありません。保護者会等で先手を打ち，共通理解を得ておくのが上策でしょう。

　貧乏ゆすりのようなモノが介在しない無意識の動きの場合はどうでしょう。指しゃぶり等と同じで，これらの動きは心理的な不安が表出している行為なので，あまり気にさせても逆効果です。予め「動いている時は肩に触れて教えてあげるからね」と約束しておき，そっと肩に手を触れるなどして，意識的に動きを止められるような，安心できるアプローチが大切です。

　なお，チック症状のようなものの場合，本人の意思ではどうにもできないのが通常なので，医療機関への相談も選択肢に入れて，丁寧に対応していく必要があります。

まとめ

手いたずらは，注意するよりモノの環境整備に力を入れよう。

＼リアクション？｜

授業中にふさわしくない
言葉を使っている時

｜スルー？＼

シチュエーション

　道徳の授業中，一つの出来事に対して，それぞれが意見を述べる場面で，議論が白熱してきました。Ａさんが「さっきのＢ君の意見もあるかもしれないけれど，私は○○じゃないかと思います」と発言。これに対しＢ君は「何言ってんの，馬鹿じゃん」と暴言を返しました。更にＣ君は「ＡとＢはこう言ってるけど，○○に決まってるでしょ？」そこに「Ｃの意見，ヤバい！」と言う他の子どもの声。

　議論自体は白熱しているのですが，みんな言葉が乱暴すぎます。

　さて，あなたならどうしますか？

 スルー　　 **リアクション**

　これをスルーする人はいないだろう，というかもしれませんが，実際の現場を見ると，そうでもありません。休み時間も含め，日常からかなり乱暴な言葉が行き交っている教室は全国的に見られます。

　これをスルーしていれば，坂道を転げ落ちるように，言語環境は乱れていきます。同時に，子どもの心もささくれ立って，子ども同士の関係もどんどん悪くなっていきます。この状況での互いの呼び捨ても考えものです。

　「ヤバい」「ウザい」といった乱れた言葉を使いたがるのは，ある意味大人への憧れであり，成長の証ともいえますが，スルーはできません。

　では，どうしたらよいのでしょうか。

「無知」が「無恥」の原因となっていることを見抜く。

　全ての子どもは「良くなりたい」と願っています。乱れた言葉も，ある意味で「良い」と思っているから，使っているわけです。乱れた言葉が「かっこいい」という意識や，呼び捨てが「仲良しの証」といった感覚です。

　ここは，教えるべきポイントです。これは国語教育の大家である野口芳宏先生の造語ですが，**「公的話法」と「私的話法」を区別し，場に合った言葉遣いを教えます。**

　「私的話法」とは，私的な場における話法です。家族との会話や，普段の日常会話における話し方や振る舞いといった作法です。これは割と自由です。

　「公的話法」とは，社会における話し方の作法です。学校は，社会です。授業中に私的話法を話すというのは，ルール違反です。会社の正式な会議で「〇〇のその提案，マジでヤバいっすね」と発言するのに等しいわけです。会社内の仲のいい友人同士であっても，そんなことが認められるはずはありません。

　この例が伝わるかわかりませんが，ある釣りの人気映画では，釣り名人でダメ社員の主人公と，釣り仲間である社長が話す時，釣りの場か会社内の公の場かによって，互いにこの二通りの話法を使い分けています。

　社会に出てからの言葉が乱れているのも，子ども時代から「平等」「自由」の名のもと，言葉遣いを正されなかった教育の結果かもしれません。

　そう考えると，公的な場で大人に対する言葉遣いを教えるのは，親と学校の両者の責任です。単に「無知」なだけなのですから，それを教えてあげます。子どもを「無恥」な大人にしないことは，学校教育の責任です。

まとめ

普段から公的話法と私的話法の違いを教えて，使い分けさせよう。

\リアクション?|

授業中にノートを
とろうとしない時

\スルー?|

〈シチュエーション〉

　算数の授業中，黒板には学習問題から考え方や解法，練習問題の計算やまとめなどがびっしりと書かれています。そして普段から「黒板に書いてあることは大事なので写しましょう」と指導しています。

　ところがA君のノートを見ると，学習問題以降，ほとんど書かれていません。練習問題もできてはいるようですが，問題番号と正解が書かれているだけで，解いた過程や考え方がさっぱりわかりません。

　さて，あなたならどうしますか？

 スルー　　　　 リアクション

　ここをスルーしてしまうと，様々なメッセージを本人と周りの子どもに伝えることになってしまいます。

　普段から「黒板を写しましょう」と指導しているこの状況の場合，本人には「先生の言うことは別に聞かなくていい」というメッセージになります。これが，周りの子どもにも同様に伝わります。

　更に，正解さえしていればよいという考え方も認めることになります。

　一方で，問題はできているのだから本人には写す意味が感じられないかもしれません。「とにかく写しなさい」では，納得がいかないでしょうし，それでは無条件に言うことを聞いているだけになってしまいます。

　では，どうしたらよいのでしょうか。

ノートに書くことの価値や意味を理解していないことを見抜く。

ここでおさえるべきポイントは，ずばり，意味付けです。ノートを「正解を記す道具」と誤って捉えているために起きています。ノートの機能への認識が，単一的なのです。

ノートというのは，様々な機能をもちます。もちろん正解を記すという機能もありますが，それ以上に「思考の作戦基地」という機能をもちます。（この言葉は，元筑波大学附属小学校の有田和正先生のものです。）

また，ノートは交流の道具でもあります。互いに見せ合うことで，考え方を理解し合うことができます。また，わからないと悩んでいる仲間に教えることもできます。

更に，ノートは評価の対象にもなります。担任だけでなく，誰が見てもわかるように，学びの痕跡が記されていることが大切です。学校の授業で使うノートというのは，「自分だけが見るメモ帳」とは一線を画すものなのです。

教師の側がノートの利用価値を多種多様に捉え，学習に活用していることが大前提になります。

例外的にスルーというか，特別対応する場合もあります。一つは，特別支援的な視点からです。黒板の文字をノートに写すという作業が極端に苦手な子どもがいます。視点の移動が困難なのです。写す対象とノートとの距離が遠いほど，難しくなります。こういう場合は，視力の弱い子どもと同じように黒板の前に座席を移動してあげるような配慮をしたり，見本のノートを渡しておいて手元で写せるようにしたりして，対応します。いずれにしろ，本人とよく相談してからどうするか決めましょう。

まとめ

ノートは思考の作戦基地であり，交流のツールと捉えよう。

「ハイハイハイ！」
「いいで～す！」の
大合唱が出る時

スルー?

シチュエーション

　授業中，発問をする度に「ハイハイハイ！」とあちこちで大きな声で反応が起きる教室。「元気があっていいクラスですね」「とっても反応がいいクラスですね」とよく言われています。それだけならいいのですが，誰かの話の途中でも「知ってる！」という横やりが入ることも多々あります。

　また，仲間の「正解」の発言がある度に「いいで～す！」「同じで～す！」の元気のいい大合唱が起きます。

　さて，あなたはこの反応に対し，どうしますか？

 スルー   **リアクション**

　「何も問題ないし，むしろ周りからはほめられるような元気のいい状況だし，スルーでいいのでは？」と思いがちですが，これが落とし穴です。これをよしとしてスルーするということは，何を教えていることになるのか，考えてみてください。

　この状況における正義は「大きな声の子優先」「正解主義」「同調圧力」です。これがまかり通ることが，居心地のよいクラスになり得ないことは，冷静に考えるとすぐわかることと思います。こういう一見「よし」とされていることこそ，見直すべきポイントになります。そもそも，その常識が子どもにとっていいことなのかという視点が欠けています。

　では，どうすればよいのでしょうか。

正しいことをしている子どもの「声なき声」を見抜く。

　結論からいうと「大声は騒音」という認識を全体に浸透させることからです。同時に「静けさの心地よさ」も体感させていきます。リアクションとしては「そんなに大きな声でなくても十分聞こえます」「今は○○さんの発言中です。黙って聞きます」というようなものになります。

　「元気がいい」と評される大きな声を出している子ども，あるいは「ハイハイハイ！」と反射的に反応して自己主張的挙手をしている子どもをよく観察してみてください。いつも特定の同じ子どもたちではないでしょうか。

　研究授業などで「子ども同士の活発なやりとり」があると評価される授業をよく見てみると，実は５，６人程度の特定の子どもたちだけのやりとりということがあり，一部の子どもがマウントをとっているようなことがあります。これでいいはずがありません。

　実際は，よく考えている子どもというのは，発問や投げかけに対し，即座に反応しません。熟考するからです。優れた教師であれば，ノートに一度考えを書かせるなどして，自分の考えを客観的に眺める手立てをとります。そもそも反応が早い子どもがすぐに正解を答えられるような発問自体，教師がくだらないことを聞いているのだともいえます。教師側の問題でもあります。

　本当に正しいことをしている子どもは，落ち着いています。発問に対し，自分の考えをじっくり見つめ直し，自分が主張するよりもまずは仲間の意見をじっくりと聞きます。口数が多くなくても，その議論において必要なことを短くずばりと述べるものです。静かな「声なき声」を引き出すのです。

　授業は，しっとりと，落ち着いた雰囲気の中で行うよう心掛けましょう。

まとめ

大きな声の自己主張者より，落ち着いた聞き手を優先しよう。

＼リアクション？｜

授業中に子どもが
立ち歩いている時

｜スルー？｜

シチュエーション

　算数の授業中，黒板に書かれたことをノートに写す時間は集中しているのだけれど，自力で解く時間になると，いつも周りの友達にちょっかいを出し始めてしまうＡ君。ふらふらと立ち歩いてしまい，仲良しの友達のところに行って，何やらおしゃべりをしたり，ちょっかいを出したりしてしまいます。

　注意すると一応席に戻るのですが，すぐにまた立ち歩きが始まってしまいます。気が付くと，他の子どもにも似たような動きが出てきました。

　さて，あなたならどうしますか？

 スルー　　リアクション

　この場合，立ち歩くという行為に，何かしらの意味やねらいがあると考えるべきです。一番に考えられるのが，写すというような単純でわかりやすい作業ならできるのだけれど，自力でやるというようなことが難しいということです。必要があって立ち歩いているのだと考えて，スルーします。

　逆に流さずに「席に着きなさい」と命じることもできるのですが，これは一時的な効果しか生みません。動く行為に必然性があるためです。したがって，無理に抑制したところで，また同じ行為が繰り返されるだけです。

　しかし，これをスルーしたままだと，他の子どもにも立ち歩きが横行して，授業がめちゃくちゃになるという不安にかられると思います。

　では，どうしたらよいのでしょうか。

立ち歩く行為の願いを見抜く。

そもそも，**席を離れて立ち歩くという行為には，仲間に話しかけたり尋ねたりしに行こうという明確なねらいがある場合と，単純に身体的な欲求によるものの場合があります。**あるいは，その両方です。

身体を動かしていたい，座っていたくないというのは，健康で活発な子どもにとって，当然の欲求です。これは大人でも同じなのですが，大人は意思の力で制御できます。一方，小さな子どもや，特に ADHD などといわれる症状のある子どもの場合，動かずにじっと座っているというのは，身体的苦痛を伴う行為ですらあります。**適切に動けるように配慮してあげるのが健全な対応です。**

また，自力ではわからないことを仲間に聞きに行くということ自体は，素晴らしいことです。わからずに机に突っ伏してしまうより，積極的に自分から聞きに行くことは，社会で生きていく上で，とても必要な力といえます。

これについて，事前に了解を得ておくことです。「必要がある場合は席を離れて立ち歩いてよい。ただし，他人に迷惑をかけないこと」ということを全員の共通理解としておきます。そんなことをすると，授業がめちゃくちゃになる気がしますが，大丈夫です。**人間というのはあまのじゃくなところがあり，「してはいけない」と言われるとしたくなり，「いつでも自由にしてよい」と言われると，必要な時以外しなくなるものです。**

「席を立ち歩く＝学級崩壊」というような誤った先入観にとらわれず，子どもの願いを見抜いて自由闊達な交流を認めていきましょう。

まとめ

必要な時は立ち歩けることを共通理解しておこう。

\リアクション？|

同じ注意を
何度も言わせる時

|スルー？|

　A君は，毎度返事はいいけど，さっぱり聞いていないというやんちゃな子どもです。毎度毎度同じことを繰り返し言っていますが，毎度毎度「次は気を付けます！」と言うだけで，全く直りそうな気配はありません。

　内容は，授業中のおしゃべり，友達へのちょっかい，机の周りに物を散らかして片づけない…些細なことですが，とにかく多岐にわたります。毎度毎度言っても直らず，いい加減我慢の限界です。

　さて，あなたならどうしますか？

 スルー   リアクション

　今度こそ，と信じてスルーしていきたいところですが，次も確実に同じ結果が待っています。なぜなら，同じことを今まで言ってきて，同じ結果になっているからです。次に違う結果が起きたら奇跡です。

　論理的に考えて，このままスルーしていても改善されないことは火を見るよりも明らかです。同じことの繰り返しです。

　根本的に何かが間違っているのです。そこに気付けない限り，同じ結果が待っています。

　ただ単にスルーしてもだめ。もう一度言ってもだめ。では，どうしたらいいのでしょうか。

望ましくない行動の原因となるものを見抜き，取り除く。

　まず見抜くべきは，注意欠如や多動の傾向です。注意欠如は，性質の一つであり，病気ではありません。また，年齢によってもその傾向が全体に出ます。よって，治すものではなく，適切な対処をすれば，望ましくない行動をなくす，あるいは軽減できます。

　更に，そもそも言っていることを理解していないかもしれない可能性を見抜きます。何度言っても聞かないということは，音声情報の認識能力が低い可能性を考えます。多くの人にとって，視覚情報を加えてくれる方が，音声情報のみよりも助かるのです。何をどうすればよいのかをイメージできる手段を用意しておきます。

　特別支援学級では，望ましい机の状態を写真で提示するなど，普段から工夫しています。私の担任した通常の学級の1年生では，係が何度注意しても給食準備中に騒がしいことが学級会で議題にあがりました。解決策として「しずカニ（静かに）」というキャラクターを作り，黒板に掲示することで意識化がなされ，騒がしいほどのおしゃべりが軽減されるようになりました。

　子どもらしい子どもほど，大人の常識が通用しません。基本的には，あまり言うことを聞かないのです。何度言っても同じことを繰り返すのが，子どもです。丁寧に説明してもさっぱりわかろうとしないし，理解不能な言動をとる。これが前提として必要です。

　「何度言ったらわかるの！」「どうしてわからないの!?」「○○って言っているでしょ！」等の台詞を口にしてしまったら，それは敗北宣言だと思ってください。「何度言ってもわからない」ことを子どもが教えてくれています。

まとめ

何度やっても無駄というサイン。やり方を変えてみよう。

|リアクション？|

廊下を走っているのを
見つけた時

|スルー？|

　昼休みに中央廊下を歩いていると，前方にこちらに向かって走ってくる子どもたちがいます。こちらの姿に気付いているのかいないのか，そのまま走ってきます。どうやら，高学年の子どものようです。前の子どもがボールを持って，それを追いかけるように後方をもう一人の子どもが笑顔で走ってきます。ボールをとろうとして追いかけっこをしているようにも見えます。

　さて，あなたならどうしますか？

　スルー　　**リアクション**

　スルーしたいところですが，夢中で走っている子どもを放っておくと，本人だけでなく，他の子どもも大きなケガをする可能性があります。更に，目の前で堂々とルール破りをしているのを見逃していると，周りの子どももそれを学習します。よって，何らかのリアクションが必要になります。

　ただし，大声で怒鳴ったり，追いかけたりしてまで対応する必要はありません。それは，周りの子どもを威圧する結果となり，まして自分自身も走ってしまっては，先生自身がマナーやルールを破ってしまうことになり，マイナスの指導です。普通の声で届かないぐらいの場合は「守備範囲外」ということで，スルーします。

　さて，リアクションをするとしたら，どうしたらいいでしょうか。

どういうつもりで走っているのかを見抜く。

　ここのポイントは「高学年」です。極端な話，１年生であれば，単純にわかっていないということも考えられます。その場合は，丁寧に教えてあげればいいのです。３年生ぐらいでも，はやる衝動を抑えきれないでワーッとなって走ってしまう子どももいます。（これは，男子に多いです。）これも，注意して教えてあげます。繰り返すことで，衝動をコントロールできるようになります。

　しかし今回は，高学年です。**高学年のルール破りは，９割が「確信犯」と考えてほぼ間違いありません。**つまり，わかっていて走っているわけです。何なら，学校によっては，こういった指導を先生たちが諦めている場合もあります。そうなると，もう毎日ばんばん走るようになり，保健室へのケガの来室者が増えることになります。

　また，時間帯は昼休み。子どもたちも一番テンションが上がり，下駄箱に向けて人が集まる時間でもあります。この後のことも考えて，ケガを防ぐようにする必要があります。始まる前の廊下移動のルールすら守れない子どもが，外でマナーとルールを守って安全に遊ぶとは考えにくいです。ここできちんと落ち着かせることが大切です。

　さて，どう指導するかですが，「短く，いつでも，何度でも」と覚えてください。「歩いて。危ないですよ」これだけでも十分です。逆が「長く，気が向いた時に」です。一回にねちねち言ってもふてくされるだけで，これだと効果が出ません。毎回必ず短く注意されるとなると，減るものです。諦めずに，何度でも細かく指導していきましょう。

まとめ

指導は「短く，いつでも，何度でも」。

リアクション?

毎度給食を残す時

スルー?

　給食の時間，いつも残す子どもたちがいます。決まったメンバーです。

　ある日の給食の時間，おかわりが終わった後に，全ての食缶が空っぽになりました。「今日は完食かも？」と思ったのも束の間，「ごちそうさま」をした直後に，いつものメンバーから大量の残飯が返ってきました。

　さて，あなたならどうしますか？

 スルー  リアクション

　正確には，ここはスルーで，後になって全体への指導の仕方を変える必要があるのですが，とにかく残ってしまったこの場はスルーです。事前指導の時点で失敗しているのであり，この状況の後で取り返すことはできません。学級経営上の敗北を潔く認めましょう。

　ここでリアクションとして毎度残すことへお説教をしたり，「頑張って食べようか」と指導したりすることは，あまり意味がありません。もしもこれが事前に子どもの方から「今日は頑張る！」などと宣言があるなど，特別な事情があれば別ですが，「約束したよね」などと言っても無駄です。（そもそも，大人が子どもとする「約束」は大抵が単なる大人側の都合の押し付けであり，「不平等条約」に近いものです。）

　ただ，この状況のまま毎度スルーしていても，問題は解決しません。

　では，一体どうしたらよいのでしょうか。

食べないのではなく，食べられないということを見抜く。

　毎度給食が残る原因を見抜きます。ここには，大きく分けて二つの方向性で考える必要があります。

　一つは，全体への指導の問題で，もう一つは，個別指導の問題です。

　毎回大量の残飯が出るということは，それは全体への指導不足です。

　給食というのは，栄養価やカロリー等がよく計算されていて，基本的に年齢に応じた平均的な体格の子どもが大体食べきれる分量を提供しています。無駄に作って残されたら大変なのは給食室なのだから，当たり前です。

　つまり，全体的に残る量が多いということは，適切な総供給量に対して総消費量が少ないということであり，ほとんどの場合配膳の問題です。配膳のやり方を工夫することで，ある程度まで改善できます。一番多く残るのが，全員に平等に配る方法です。食の細い子や，一部苦手なものがあるという子どもの分も全て残飯となるので，全体として相当な量が残ることになります。苦手なものは配膳時点から個別に少なくしておいて，おかわり分としてとっておけば，食の太い子どもが底までさらっていってくれます。

　さて，もう片方の個別指導の問題ですが，結論からいって，**好き嫌いは個人の嗜好性なので，改善しようとしないことが正解です。**牛乳など，飲めないなら最初から渡さなければいい話です。大好きな子どもたちが喜んで飲みます。「それじゃ栄養バランスが…」と思いますが，そこは本来家庭教育の分野です。学校としてはきちんと提供しているのを，意思で拒否しているのだから，そこを無理強いしたら逆効果です。**給食指導において担任がすべき大事な指導は「食への感謝」です。**ここを勘違いしないようにしましょう。

まとめ

無理に食べさせるのではなく，最初から量を少なくしよう。

《生活場面》

\リアクション？/

何度言っても宿題や提出物を出さない時

/スルー？\

シチュエーション

Ａ君は，提出物忘れの「常習犯」。提出物が遅れるのは当たり前で，「なくしたのでもう１枚ください」なんてことも日常茶飯事です。

今日も，算数ドリルを１ページやるだけの，簡単な宿題を出しました。しかし，Ａ君はこれにも「忘れました」と言いにきました。しかも，今度の懇談会の手紙を紛失したらしく，親から「すみませんが，もう１枚いただけますか」と連絡帳に書いてある始末です。

さて，あなたならどうしますか？

ここをスルーすると，永遠にこのだめな状態から抜け出せません。教師もストレスフルですが，実はそれ以上に子どもも苦しんでいます。

ただ，リアクションをするといっても「何度言ったらわかるの」「もう○回目だよ」「今度は忘れないように」とお説教をしてもだめです。

ここでの必要なリアクションは「何か事情があるんだよね」と子どもの事情，言い分を尋ねてみることです。言い訳が出てくるかもしれませんが，それもとりあえず聞きます。

しかし，これはあくまでその場での対応です。聞いて直るなら苦労はないのです。次の手が必要です。

では，具体的にどうしたらよいのでしょうか。

出さないのではなくて，出せない理由を見抜く。

　何度も言っても聞かないとなると，馬鹿にされているような気分になるものです。しかし，これは明らかに間違っています。

　何度も言われているのにやらないということは，それができない状況にあると考えるのが妥当です。単なる「怠け」と捉えられがちですが，大抵は違います。病気と同じで，それが無理な状況に置かれていると考えましょう。

　まず，宿題を出さないという時には，出している宿題の内容そのものが適切であるかどうかを考え直しましょう。宿題というのは，実は出すのがとても難しいものです。例えばドリル１ページを出すにしても，ある子どもにとっては３分で終わるものが，ある子どもにとっては２時間，３時間かかるということは，ざらです。そういった個人差に配慮した宿題の出し方を教師自身が本当にできているかどうかをまず点検しましょう。授業中にやり終えることができるのならば，そもそも宿題を出さないのがベストな対策です。**教師の力量不足で授業中にどうしてもやり切れなかった分を，子どもの努力で埋めてもらうというのは，本来的にはお門違いな「宿題」です。**

　宿題以外にも提出物関連が出ないという時は，環境を疑いましょう。そもそも，その子どもの机の中やロッカーはどうですか。物がぐちゃぐちゃになっているのではないでしょうか。その状態のまま放置していたら，物がなくなったり親の元に手紙が届かなかったりするのも至極当然です。できないという前提で，一緒に片づけてあげるというぐらいは，最低限しておきます。

　また，実は家庭の中が崩壊状態ということもあります。子どもの事情を慮り，できるだけの手を打って対応していきましょう。

まとめ

だらしないのではなく，できない状態にあると考えよう。

〳リアクション？〵

忘れ物が多い時

〳スルー？〵

「先生，今日も忘れてしまいました…」

　おどおどと言いにきたのは，何かと忘れ物が多いA君。教科書やノートなどの学用品をはじめ，ほぼ毎日のように何かしら忘れてきます。その都度反省している態度は見られるのですが，何度言っても同じものを忘れてきてしまいます。今回忘れ続けているものはハンカチで，最初に忘れたことを言いにきてから1週間連続になります。些細な忘れ物ともいえますが，昨今は衛生面に注意が払われているだけに，忘れて欲しくないところです。

　さて，あなたならどうしますか？

　ここでリアクションをすべき理由はただ一つ。スルーしても，また同じミスを繰り返すことが目に見えているからです。もしスルーするのであれば，スルーしても問題ないシステム，環境を作ってからになります。

　立て続けに忘れ物をしてくると「やる気がない」「ふざけている」と思いがちですが，決してそんなことはありません。本人も忘れたくないのに，どうしても忘れてしまうというのが本音です。これはきちんとした人には理解しがたいことですが，事実です。朝早く起きられない，だめとわかっていてもつい食べ過ぎてしまうといったことと同じだと思ってください。

　では，具体的にどのような対応をしていけばよいのでしょうか。

忘れ物をしてしまう「認識」と「環境」を見抜く。

　ここでの見抜くポイントは，忘れ物をしてしまうそもそもの原因部分です。それが「認識」と「環境」です。

　「認識」は子どもによって全く異なります。ここを見抜いて適切な対策を講じれば，解決することがあります。「書いているだけ」「言っているだけ」で伝わった気になっていると，ここが解決しないので，**そもそも忘れなくするような環境づくり，仕組みづくりをすることが大切です。**

　例えば，リマインドの仕組み。多くの場合使われている連絡帳は，これにあたります。しかし忘れ物の多い子どもは，この連絡帳を見返す習慣がないのです。ふざけているのではなく，習慣化していないので，そもそも連絡帳を見なくてはいけないということ自体を忘れてしまいます。

　これを防ぐために，例えばランドセルのかぶせの裏側に「連絡帳を見る」と書いた紙を貼っておく，あるいは，個人的にはあまり好きではありませんが，マジックで手に書いておく，保護者に協力してもらう，というような手もあります。どのような場合にせよ，複数の中から本人が方法を選択できることが大切です。

　次に，そもそも忘れないで済むような環境を作っておくことも大切です。例えばハンカチ。どうしても忘れてしまいがちな子どもであれば，洗濯したものをまとめていくつかロッカーに置いておいてもよい，というように柔軟に対応することです。頻繁に物の移動があることが忘れ物を増やします。**極論をいえば，宿題がなければ，宿題忘れは存在しません。**根本的に考え直すことも含めて，対応を考えましょう。

まとめ

注意より，そもそも忘れない仕組みづくりをすることが大切。

\リアクション?|

返事はいいがやらない時

|スルー?\

シチュエーション

　失敗が多いけれど，いつも返事はいいＡ君。

　今回も，「うっかり」やるべきことをやらずに注意を受けたのですが，いつもの爽やか＆誠実な態度で「次は頑張ります！」と言います。

　その態度がとても良いので，つい許してしまいがちですが，いつもまた同じ過ちを繰り返すのです。さすがに，担任の先生としてもちょっと嫌になっています。

　さて，あなたならどうしますか？

 スルー   リアクション

　指導した方もされた方もスルーしてしまっていては，同じことを繰り返すだけです。これは，何かしらのリアクションが必要です。

　ただし，「スルー」する部分もあります。それは，何度も失敗している，という過去の失敗そのものです。そこはリアクションして蒸し返さずに，スルーします。次の改善に向けてのリアクションという視点が大切です。

　その場のリアクションとしては，「いい返事だね。次こそはできるように期待して見ているよ」という言葉がけです。

　しかしご存じの通り，これで放っておいても次にまた同じ失敗を繰り返すだけです。

　では，どうしたらよいのでしょう。

やらなくても済むという心理状態を見抜く。

　やらなくても大丈夫，別に何も起きないと思わせずに，指導したことに対して，評価することがポイントです。それも，プラスの評価です。

　返事はいいけれどもやらないという子どもの場合，多くは返事した時はやる気が本当にあるのですが，すぐに忘れてしまうということが挙げられます。

　特に低学年の子どもが顕著で，とても素直に返事をするのですが，外に出て大好きな虫1匹でも見つけたら，すぐに忘れます。リマインドの仕組みが大切です。具体的には，指導したことに対して評価をするということです。いわゆる「指導と評価の一体化」です。

　大人でも，頼まれたことをきちんとやったのに，感謝されないどころか何も評価されないとなると，やる気を失います。子どもはもっと単純なので，やる気を失う代わりに，きちんと忘れます。悪気はないのです。

　指導したことは，きちんと見守っていきましょう。特に注意したことに関しては，必ず改善したかどうかを見届けなくてはなりません。少しでも改善の傾向が見られた時は大きなチャンスです。「さすが！言った通りにやるようにしているね！」と大げさにほめます。高学年の場合は，少し配慮が必要ですが，基本的に感心する方向で評価します。この繰り返しが，成功報酬の体験として子どもの脳に刻み込まれるため，また次に望ましい行動をとる可能性が高まります。それでもまた少し時が経てば忘れるのですが，この繰り返しによって行動が強化されます。粘り強く取り組んでいきましょう。

まとめ

人間は，評価された方向に伸びる。指導したら見逃さず評価しよう。

\リアクション?/

トイレの使い方が汚い時

\スルー?/

いつも悪臭が漂う教室前のトイレ。見ると，便器を外していたり，用を足した後に流していなかったりなどが日常のことになっています。

みんな仕方なくそのまま使っていますが，いいとは思っていない様子。

掃除が終わっても，使い方が汚く，すぐにまた汚れてしまいます。

子どもたちからも「先生，トイレが汚いからどうにかして」と言われました。

さて，あなたならどうしますか？

 スルー　　リアクション

これも，スルーしていては全く良くならないことは明白です。実際に学校現場を見ていると，子どもたちはトイレ掃除もしているし，まあそのうち良くなるだろう，という感じでスルーしている場面をかなり見ます。

結論からいうと，掃除が苦手な教師も一定数いる，というのが実情です。そういった教師に教わっている子どもたちは，行動が荒れる傾向が見られます。なぜなのかは，この後の見抜くポイントを読めばわかりますが，学校のトイレの状態は心のありようと関わる部分なのです。

ただ，「掃除をしなさい」「きれいに使いなさい」と言っても無駄です。そのリアクションで済むなら，全国が安定した学級だらけになっています。

では，一体どうしたらよいのでしょうか。

トイレの使い方ではなく，実は「自己中」が原因ということを見抜く。

トイレの使い方が汚い人の99.9%はトイレ掃除が嫌いです。これは大人にもいえます。まずこの点を見抜きましょう。そしてこれはトイレの使用に限った話ではありません。実はこの種の人は「きれい好き」なのではなく，「きれいなもの好き」なのです。自分が汚いものを使うのは絶対に嫌なのです。「自分の手が汚れる」のが嫌なのです。ただ自分だけがきれいで清潔で，更に楽していたいのです。その誤ったメンタリティの根本から変えていく必要があります。要はトイレ掃除を自分でするようになれば，トイレの使い方は必然的にきれいになります。逆にいうと，例えば6年生が1年生のトイレ掃除をしてくれている間は，1年生のトイレの使い方はきれいになりません。自分の始末を自分でつけるという重要なことは，掃除を通して学べます。

また掃除が罰になるようではいけません。当番として全員が自然に順番で掃除に参加するようにします。その中で特別に上手な子どもがいるはずです。そこを中心に，トイレをきれいに使おうという意識を全体に広めていきます。この時点で過半数の子どもがきれいに使うようになります。きれいを当たり前の状態にした上で，使い方が特に汚い子どもへのアプローチをします。

この子どもがトイレ掃除をする時に，自分も一緒にやるのがコツです。「きれいになったね。気持ちがいいね。上手だね」と声かけをしていくことで，少しずつ意識が変わってきます。基本がきれいならば，掃除もしやすいです。

指導の順番としては，まずトップレベルを育てる。次に中間層に広げる。最後に一番大変なところに手を伸ばす，の順です。いきなり難しいところからは攻めません。他のあらゆる指導に応用できる基本的な考えです。

まとめ

トイレ掃除を通して，自分の後始末ができるようにしよう。

＼リアクション？｜

手を洗った後に
ハンカチで拭かない時

｜スルー？｜

　休み時間の後の手洗い場。周囲には明らかに水が飛び散っています。

　様子を見てみると，手を一応洗ってはいるのですが，その場で手を振って水を落とすだけ，あるいは，服の上着やズボンで拭いている子ども，一番ひどいのは，何もせずに手から水をしたたらせたまま教室に入ってくる子どももいます。

　毎度毎度のことなので，特に誰も気にしていませんが，担任としてはこれでいいのかと疑問に思っています。

　さて，あなたならどうしますか？

スルー　　　　　　　　　　　　　　リアクション

　これも，スルーしていては何も変わらないです。「細かいことは気にしない」という大らかさ自体は否定しませんが，これをスルーすることは，衛生面を含めて他に影響を及ぼします。

　さて，リアクションといっても「ハンカチできちんと手を拭こうね」と言っても何も変わりません。それは，低学年以前から過去全ての担任が口を酸っぱくするほど繰り返し言ってきた言葉です。それでも全く変わらなかったのだから，今後10年言い続けても特に変化は期待できないでしょう。

　かといって，このまま放っておいても良くはなりません。

　では，どうしたらよいのでしょうか。

そもそもハンカチで拭くことを大切に思っていないことを見抜く。

　多くの場合は，そもそもハンカチを身につけるという習慣自体がついておらず，拭こうにも拭けない状態です。そして手を振って水を撒き散らしたり，自分の服で拭いてしまうというのが習慣化しています。この場合，まずはハンカチを常時身につけるという習慣をつける必要があります。しかしながら普段ハンカチを使っていないような子どもは，その習慣を身に付けようと思うことすらありません。

　そもそも，たとえハンカチを持っていても使わない子どももいます。なぜかというと，単に面倒だからです。服で拭いた方が早いからです。

　これらの意識を変えてもらうには，公私の区別をもってもらうことが大切です。つまり，**ハンカチで手を拭くということは，自分のためではなく，周りの人のためだということを理解しないと始まりません。**

　水を撒き散らされたら迷惑です。濡れたまま触られたり，汚れた服で拭いた手で触られたりしても迷惑です。周りの人が迷惑であるということに気付くと，意識が変わってきます。

　更にこれは他の指導とも共通ですが，多くの子どもにとってハンカチで拭くということを「常識」「普通」の状態にしないと，浸透しません。全体の場でこのような話をし，みんなで清潔にしようという意識を広げていくことに力を入れて指導します。そうしていくうちに，やんちゃな子どもたちも，周りの子どもに言われることで少しずつその習慣が身に付いていきます。外堀から埋めて地道にやっていきましょう。

まとめ

ハンカチを使うのは，自分のためではなくみんなのためと伝えよう。

リアクション？

やたらと要求や
指摘が多い時

スルー？

シチュエーション

　普段からやたらと要求が多いＡさん。最初のうちは「黒板が見えにくいので座席を前にしてください」というような正当なものだったのですが，最近は「○○さんと一緒は嫌」とか「席を自由にして欲しい」といった自分勝手なものになってきました。他にも，自分が話を聞いていないのに「もう一度言ってくださ～い」とか，少し間違えると「先生，しっかりしてくださいよ」と言ってくるような横柄なものになってきました。

　さて，あなたならどうしますか？

 スルー

リアクション ✕

　ここで下手にリアクションをしてしまうと，この行為がエスカレートしていきます。心理学的にいうと，行動の強化につながります。これが毎度のように続くと，目上の存在である先生に対し同級生のように接するようになり，やがて下に見るようになります。特に要求については際限がないため，いつか必ず断るしかない時がきます。しかし今まで要求を通しているのに拒否されると，それが一気に不満に転じ，攻撃行動になるのです。その頃には上下関係が入れ替わっています。心の中で見下されているのです。更に，周りの子どもにもそれがわかって伝染し，先生への信頼は地の底に落ちます。

　しかし，一方でスルーしているだけでは解決しません。

　では，どうしたらよいのでしょうか。

要求の裏にある「願い」を見抜く。

　この例の場合，明らかに子どもを悪い方向に導いてしまっています。集団指導の原則として，やたらと個人的な要求を聞いてはいけません。このような形で我儘になると，最終的に本人が孤立します。

　そもそもその要求や指摘の裏にある「願い」は何なのかを見抜くことが大切です。

　一つは，自信がないパターンです。本人に自信がないため，やたらと発言したり担任より上に立とうとしたりして，目立とうとしている可能性があります。（暴走族の少年たちと，根本は同じ心理です。）要求を通すことで，自分に価値があるような錯覚に陥っているのです。こういった行為は，自信をつけることで，そういうことをする必要がないとわかり，消えていきます。

　また，不安感が強いということへもケアします。ここを解決するには，まずは聞いてあげることです。聞いてあげるといっても，要求をのむということではありません。あくまで一旦話を聞いてあげるというだけです。これは相手が大人の場合も同じなのですが，言ったら満足するという面があります。

　最もいけないことが，対立してしまうことです。要求や指摘があるということはそれなりに不足している面もあるのですから，こちらにも検討すべき点があります。確かにその通りだと思う指摘に対しては「ありがとう。気付かなかったよ」と言って受け止め，改善する必要もあります。一方で，理不尽なものは，「そうなんだね」とだけ言って，聞き流してしまえばよいでしょう。いずれにしても，大げさにリアクションをとらず，本人に自信がないのだということを忘れずに対応することが大切です。

まとめ

　要求が多いのは，自信がない証。聞くだけ聞いてあげよう。

\リアクション?/

「ため口」で
話しかけてくる時

\スルー?/

シチュエーション

　担任の先生は「みんなと仲良くなりたい」という思いから，普段からなるべく砕けた調子で子どもたちに話しかけていました。子どもたちからも「優しい先生」「面白い先生」と認識されるようになってきました。

　しかしある日「ねえ，これどうすんの？」と，期日から遅れて提出物を持ってきたＡ君。明らかに「ため口」です。他の子どもにもその傾向が見られるようになってきました。

　さて，あなたならどうしますか？

 スルー   リアクション

　ここをスルーしては「ため口ＯＫ」と周りにも公言しているようなものです。周りで見ている良識ある子どもたちも「えっ⁉それはまずいのでは⁉」と思っているはずです。きっちりと対応する必要があります。

　スルーした場合，学級における力関係が変動します。周りの子どもからは，担任はＡ君と同程度ではなく，それ以下に見られるようになります。つまり，全員にとって不幸です。

　しかし，下手なリアクションをとると，権力争いのような無駄な場面を生みます。

　では，どうしたらよいのでしょうか。

見抜くポイント

多くの子どもが，先生にどうあって欲しいのかを見抜く。

　何よりもまず，子どもに「マウンティング」されていることを見抜きましょう。ため口で下に見られるようでは，教師としての存在価値がありません。通常の社会で通る礼儀を教えるのが，公の学校教育の役割です。

　まず根本的な間違いは，教師として子どもと仲良くなるということと，友達になるということは全く別物だということです。膝を折って目線を子どもと同じようにすることがあっても，決して，同列になってはいけないのです。最近の風潮で「平等」と「人権」が誤って捉えられていますが，教師がこれに流されてはいけません。

　秩序は，序列から生まれます。あくまでも教師は，子どもよりも上の立場なのです。親と子で，親が上の立場というのと同じことです。決して子どもと一緒の立場ではありません。教師と子どもが一緒では，指導ができません。子どもは，学級における一切の責任がとれないのです。教室内において，教師だけが責任をとるべき立場の人間です。立場が全く違うのです。

　子どもが教師に求めるものと，友達に求めるものは，明らかに違います。**子どもが教師に求めるものは，安全・安心と秩序をもたらす存在であること**です。そして，**知的に伸ばしてくれる存在であること**です。同級生の友達のように「仲良しこよし」になることではありません。

　線引きをしましょう。言葉遣いを整えることは，教師の側からすべきことです。まして幼い相手であれば，尚更です。努めて丁寧な言葉遣いを心掛け，相手を大切に扱うこと。それが教育の基礎となる部分です。

まとめ

言葉遣いは心遣い。お互いを大切にする言葉遣いをしよう。

\リアクション?|

プロフ帳，メモ帳など
余計なものを
持ってきた時

|スルー?|

シチュエーション

　ある日の休み時間。楽しそうに友達同士で何かを書き合っている様子。覗いてみると，市販の「プロフィール」を書く紙のようです。カラフルなデザインで，そこには誕生日から星座，趣味，好きな食べ物など，様々なことを書く欄が設けてあります。それぞれが個々に異なるプロフィール用紙を持っているようで，コミュニケーションのツールになっている様子。「学校に余計なものは持ってこない」というルールはありますが，本人たちは隠すこともなく，特に悪びれた様子もありません。どうやら，友達と仲良くなるため，相手を知るためのものであり，持ってきてはいけないものとも思っていないようです。

　さて，あなたならどうしますか？

　スルー

リアクション

　ここをスルーすると，「プロフ帳 OK」のメッセージになります。そうなると何が起きるのかというと，特に何も言わなくても「先生もいいって言ってたよ」となり，買っていない子どもが焦り出します。そして，低学年だと家に帰って母親にねだり，高学年だと連れ立って買いに行き，やっぱりお小遣いが必要になるわけです。このプロフ帳がもとで仲間外れが起きることもしばしばあります。授業中に書いて回したり，眺めて遊ぶ子どもも出ます。

　では，どうしたらよいのでしょうか。

見抜くポイント

トラブルは物を介して起きることを見抜く。

　前提として，**学校で起きるほとんど全てのトラブルは，何かしらの物を介して起きる**ということをおさえましょう。その物がなければ起きなかった，というものが数多くあります。

　この例でいくと，予想できるトラブルが山ほどありますが，一つはグループ内で自分だけそれがもらえないというタイプのいじめや，頼んでも親から買ってもらえなかったことによる仲間外れ意識の助長です。この場合，しっかりしている親ほど，安易に物を買ってあげないので，正しい家庭教育方針をもつ親の子どもが精神的に損をすることになります。担任がルール破りやいじめを助長しているといっても過言ではありません。

　つまり，**物に関するルールのマネジメントができているということが，学級マネジメントができているということに直結する**のです。

　具体的な対応としては，安易に禁止するよりも，きちんと考える機会を与えることが大切です。そうしないと，指導内容がただ「先生が禁止と言った」ということだけになり，そこへ反発をする子どもが出たり，言われたことに無思考に従うロボットのような子どもになったりしてしまいます。（後者の方がより恐ろしいです。）

　そうではなくて，「なぜプロフ帳を学校に持ってくるのは良くないのか」「それを続けているとどうなるか」ということを，全員で話し合って考えることが大切です。そうすることで，プラスの面よりも大きなマイナスの面に気付き，類似したルールについても考えるようになります。子どもの言葉で語って解決する，良い機会にしていきましょう。

まとめ

物に関するルールは子どもたちでその意味まで考えるようにしよう。

リアクション？

大きな筆箱を持ってきている時

スルー？

シチュエーション

お弁当箱のように大きな筆箱。中には色とりどりのペンをはじめ，様々な消しゴム，学校としては使用禁止となっているはずのシャープペンシルやボールペンの類いも入っているようです。また，筆箱にはジャラジャラと様々なキーホルダーまでついています。授業が始まる時には，鉛筆１本取り出すのにも一苦労です。しかし子どもからは「色んなペンできれいにノートが書けるから，勉強にやる気が出る」という声もあります。

さて，あなたならどうしますか？

これをスルーしてしまっては，もはやルールも何もあったものではないということになります。「きれいにノートが書けるからやる気が出る」という言葉に惑わされそうになりますが，完全に本質を外しており，言うなれば詭弁です。きれいにノートを書くことは，学ぶことへの意欲と直接関係がありません。それは単純にお絵かきが好きなのと同じで，学習意欲とは異なります。学習の本質はそこにはありません。

しかし，ここも下手なリアクションは，こじれを生みます。「学校のルールだから禁止」だけでは，特に高学年では反発心を生むだけです。問題の本質的な解決にはつながりません。

では，どうしたらよいのでしょうか。

余計なものを持ってきている理由の本質を見抜く。

　まず大前提として，筆箱は，勉強道具を入れるためのものです。基本的に必要なものは数本の鉛筆と一つの消しゴム，赤鉛筆と定規ぐらいで，残りは言うなれば余計なものです。必要なものだけが入っていると，授業ごとに行う頻繁な出し入れもスムーズで，簡単になくすこともありません。鉛筆を1本だけにして，絶対になくさないよう大事に扱わせる指導法もあります。

　更に，机の中の引き出しは様々な勉強道具をスムーズに出し入れするためのスペースであり，筆箱だけで占有すべき場ではありません。引き出しに入らない大きさに膨らんでいるなど論外です。

　そんな少しの収容で済む筆箱に，余計なものが溢れる理由は何でしょうか。

　一つに，物質的な豊かさの反動という面があります。身の回りに物が溢れ，何でも安く気軽に買えます。筆箱の中身も同様で，物がどんどん増えます。結果，物を大切に扱わなくなっています。持ち主不明の落とし物も増えます。

　加えて，物の所有によっての競争も起きます。誰も持っていないレアなものや変わったものを持って，「どう？」と見せびらかすことで，目立とうとします。大人のSNSでの必死なマウンティング競争とほぼ同じ心理です。

　更に「友達の証」「グループの証」として，所有する（心理的には「所有させられる」）ことで，グループの結束を強めています。それには強い立場の者からの「裏切るな」というメッセージが込められていることもあります。

　それらの不自由から解放してあげるのが担任の役割です。物を減らし，一つ一つを大切に扱うことも，学校にしかできない大切な学びだということを伝え，余計なものは「家で大切に使ってね」と言って持ち帰らせましょう。

まとめ

余計なものを持ってこさせないのが，担任としての優しさと心得る。

|リアクション？|

友達同士であだ名で
呼び合っている時

|スルー？|

　クラスでも特に大柄なＡ君。その体格から，あるアニメのキャラクターに見立てられたあだ名でずっと呼ばれています。担任としてはちょっと気になるあだ名ですが，彼は大人しいので，そう呼ばれてもにこにこしています。

　ある日Ａ君の周りの仲間に「Ａ君は○○と呼ばれているけれど，本人は嫌がっているんじゃない？」と言うと，「えー？そう？」「Ａのやつ，いつも笑ってるし，結構気に入ってるんじゃない？」と言われてしまいました。

　さて，あなたならどうしますか？

 スルー  **リアクション**

　ここをスルーするということは「そのあだ名は担任公認」ということになります。つまり，他の子どもたちにも使っていいという許可を与えたに等しい行為です。ここは確実に対応が必要です。

　「いや，あだ名は仲良しの証では？」という意見もあるかもしれません。しかし，肝心なのは，Ａ君自身の気持ちです。Ａ君は前の学年からずっとそのあだ名で呼ばれていたので，今更嫌だと言い出せなくなっている可能性もあります。特に，体格に関するあだ名の時は，99％アウトと考えて間違いありません。

　ただ，あだ名歴が長いと，本人も言い出してこないことが多いものです。

　では，どうしたらよいのでしょうか。

本人が実は嫌がっていないかどうかを，直接聞く。

「あだ名や呼び捨ては親愛の証」というような解釈もありますが，ここにある危険性を理解しておくことがポイントです。社会では，相手をリスペクトした敬称を付ける（「さん付け」等）というのが基本です。

相手を何と呼ぶかで，人間関係は変わってきます。例えば，発達が他よりゆっくりな子どもは，担任などにもあだ名で「ちゃん」付けされる傾向があります。これにより「自分はまだみんなより幼いんだ」という認識が強まり，できることもやれなくなることがあります。**呼び名のもつ力は強力**なのです。

私自身，小中学校時代，友達にも担任の先生にもあだ名で呼ばれていた時期があります。ただそれは，元々が有名漫画の主人公から付けられたものであり，私自身も気に入っていたあだ名だったのです。つまり，本人公認です。だからあだ名を一概に「良い」または「悪い」とは言い切れません。ただ担任としては，本人が実は傷ついているかもしれないという視点が大切です。

基本は敬称を付けて丁寧に呼ぶ。「妙なあだ名」が付いている子どもに対しては，二人きりで本心を聞く場面を必ず設けましょう。（英明君に対して「ひでっち」「ひーくん」ぐらいのものなら，別に放っておいてもよいです。）

「見た目」「行動」などに関するあだ名の場合は，特に要注意です。**とにかく本人の本心を聞く，という一点を心掛け，嫌だという言葉が出たなら，確実にやめるよう周りに話すことが肝要です。**親しみどうこう以前に，**子どもの人権を第一**に考えましょう。

まとめ

あだ名は基本的に「いじめの温床」の可能性を疑ってかかる。

|リアクション?|

担任に友達の陰口を言う時

|スルー?|

シチュエーション

「先生，○○君，だめなことしてたよ」「○○って，いい子ぶってるけれど，すごく意地悪なんだよ」

低学年でも高学年でもある，告げ口とも陰口ともとれるこれらの言葉。言ってくる子どもは，大体が同じ子どもです。

内容を聞いていると，確かに本当だとしたら許せないような行為ばかりです。中には「今，○○君が掃除をさぼっていた」というようなことを聞いて，見たら本当にさぼっていたということもあります。

さて，あなたならどうしますか？

ここはスルーです。正確には，陰口の対象となっている子どもに関してはスルーして，目をかけるべきは，その陰口を言っている子どもの方です。大体，他人の陰口を言う時点で，その子どもは既にメンタルが弱っています。何か嫌なこと，モヤモヤが自分自身の中にあるのです。**本当に健康で明るい気持ちで過ごしている人は，自慢や人の陰口を言わない**というのは自明の理です。大人の SNS の利用を見ていてもわかることです。

ただ単にスルーしてしまうと，「先生が○○の悪いところを知った」「ざまあみろ」となってしまい，陰がより濃く深くなってしまいます。

では，どうしたらよいのでしょうか。

実は告げ口をする本人に陰があることを見抜く。

　要は，他人を落とすことで，相対的に自分自身の価値を高めたいという，誤った思いが根底にあります。実際は，他人の評価が落ちても自分の存在価値は上がりません。

　そういう誤った思いに陥ってしまうということは，本人が不満を抱えている証拠です。ここを丁寧に掘り下げて聞いていく必要があります。

　具体的には，まず告げ口の内容については「そうなんだ？知らなかったな。見たことも聞いたこともないけど，Ａさんはそういうことある？」と言って，とりあえず陰口の対象の子どもから話題を外して，本人に向けていきます。

　すると大抵は「私はないけど…」と口ごもります。**実は，告げ口をしてきた本人にこそ，そのようなことに心当たりがあるのです。**大人が他人の不正を大勢で叩く時と同じです。他人の罪を喜んで裁こうとする人は，自分自身の根底に罪の意識がある場合がほとんどです。

　「どうしてそういうことを思ったの？」「Ａさんにも嫌なことがあるの？」と話を聞いていくと「実は…」と全く関係のない内容が出てきます。それは，最近両親の仲が悪いとか，塾の成績が落ちてきているとか，本人の抱えている悩みが出てきます。大抵は，担任では解決できないことばかりです。しかしここを聞いてあげるだけで，本人は気持ちが軽くなり，陰口を言わなくなります。

　陰口の陰に隠れた，子どもの真の願いを見抜くことが大切です。

まとめ

他人の悪口を言う子ども自身の，苦しみを吐き出させよう。

＼リアクション？｜

隣と机を
つけようとしない時

｜スルー？＼

シチュエーション

　A君とBさんの机は隣同士です。授業中は二人一組でのペア学習が多くあるため，基本的に隣同士の机はくっついています。

　しかしA君とBさんの机が，放課後に離れていました。それに気付いたので，こちらでくっつけておいたのですが，翌日の授業中に見ると，また離れています。二人にそれとなく尋ねると「いや，そうですか？」とA君はとぼけて，Bさんは何も言いません。

　さて，あなたならどうしますか？

 スルー   リアクション

　ここは絶対にスルーしてはいけません。場合によっては「勝負」どころです。特にBさんが少しでもクラスで浮いている，あるいは差別を受けていると感じられるような場合，スルーすると「先生もBさんへのいじめや差別を公認」ということを全員に告げることと同義になります。そうなると，後は坂道を転げ落ちるように，A君やBさんとは全く関係ない様々な面でも，悪い形で「荒れ」が頻発するようになります。差別の破壊力は凄いのです。

　ただ，直球で「差別はいけない。机をくっつけなさい」のような直接的なリアクションをすると，A君とぶつかって無駄に反発することが考えられ，場合によってはBさんをも傷つけることにもなりかねません。

　では，どうしたらよいのでしょうか。

机を離す行為は「いじめ」の芽であることを見抜く。

　常套手段としては「じゃ，戻そうか」と笑顔でさらりと言って，一瞬で本人たちが動かないようなら，さっとこちらでくっつけてしまうことです。理由やら何やらは後回しで，まず形としての事実で，担任の姿勢を示します。

　学級経営においては，この**「少しのこと」「些細なこと」を見抜くことがポイント**になります。「少し」の言葉に惑わされますが，少しに見えて全く違います。「つけている」「離れている」というのは，ON か OFF かの違いで，全く真逆の別物です。

　さて，「机をくっつけるようにする」というのはあくまで手段であり，目的は，誰とでも協働できるように教育することです。

　これは決して「好き嫌いをしてはいけない」ということではありません。人間同士ですから，合う合わないはあって当然なのです。しかし，自分の好きな人としか協力・協働できない人間では，社会に出てから仕事をする上で困ったことになります。そんな都合のいい職場は，まずありません。

　授業中，同じ目的に向かって協働して学んでいくのですから，それ自体が学びです。机をわざと少し離すというような行為をスルーしているということは，学びの機会そのものを捨てていることになり，誤った教育をしていることになります。いじめや差別を容認している行為ともいえます。

　「神は細部に宿り給う」という言葉もあります。こういうところを放置しながら「みんな仲良く」「明るく笑顔で」とどんなに言っても，上辺だけの害悪にしかなりません。机を離すという小さな行為を見逃さずに見抜けるようにし，悠然と担任としてのあるべき姿勢を全体に示しましょう。

まとめ

机をわざと離すのは，差別の証と心得る。

子ども同士の関係

リアクション？

テスト中に隣の席との間に 筆箱を立てる行為を 見つけた時

スルー？

シチュエーション

　漢字の小テストの場面です。Ａさんが「私の答えを覗かないで」というように，これ見よがしに隣の子どもとの机の間に筆箱を立てています。

　Ａさんは，とっても勝気な女の子で，学力面では優秀な子どもです。隣のＢ君は，学力面では心配のある子どもですが，テスト中に隣を見て答えを書くようなずるい行為をしたことはこれまで一度もありません。

　この毎回の行為に対し，Ｂ君はいつも何も言いません。

　さて，あなたならどうしますか？

スルー　　　　　　　　リアクション

　ここをスルーしてしまっては，この行為を容認することになります。そもそも，間に壁となって立つほど大きな筆箱であるならば，テスト中には不要であり，しまわせるべきです。持ち物への指導自体にも問題があります。

　間に壁を立てられているＢ君としても，いい気分はしていないはずです。周りから見ても，上下関係があるように見えます。

　さて，ここは明らかにＡさんへのリアクションとなるのですが，これも下手な声かけをすると，Ａさんが反発し，Ｂ君が傷つくことにもなりかねません。

　では，どうしたらよいのでしょうか。

「筆箱を立てる」という行為に潜む本人の傲慢さを見抜く。

　基本的なリアクションとしては「テスト中は筆箱をしまいます」ということを告げるだけでよいです。理由も「静かなテスト中に筆箱を落とすと，うるさくてびっくりするから」というもので十分です。私は「筆箱爆弾禁止条例」という名称でユーモアを交えてルール化しています。つまり，行為の根本となる点に直接アプローチせず，角度を変えてその行為自体を自然とやめさせる方法です。この時点で，9割方は解決します。それでもわざと腕や体であからさまに解答を隠すような品の悪い行為を見せる場合は，この後で個別に呼んで指導する必要があります。

　その場合，まず「やられている方はどういう気持ちなのか」ということを問います。そこに恐らくは「B君が見てくる」というようなことを事実の有無とは関係なく言ってくるでしょう。「自分にも言い分がある」と言いたいのです。気が強い，あるいは利発な子どもであるほど，正当化による自己防衛をしようとします。そこを予想していれば，対応は容易です。

　「百歩譲って，仮に見ているかもしれないとして，それをあのような行為で周囲にアピールすることは，人として，はしたない行為ではないか」ということを学年に応じて話します。実際にB君が見ているような場合は，これはB君自身へも指導する必要がありますが，いずれにしろ，それは監督者であるこちらに相談すべきことであるということを話しておきます。入試のような重要な試験の場面でも同様のはずです。

　何より，そのような行為は，傲慢さにしか見えず，自分自身の価値を下げる行為であるということを理解させる必要があります。

まとめ

差別的な行為は自分の価値を下げるはしたないことだと理解させる。

「仲良し」女子 グループ内の 排除行為があった時

シチュエーション

　高学年の学級でいつも「仲良し」の女子四人組。休み時間はもちろん常に一緒で、「うちら一生友達だよねー」が口癖で、どこへ行くのにもぞろぞろと連れ立っていきます。

　最近、そのうちの一人のＡさんが一人でいることが目立つようになりました。

　気になって休み時間に本人に声をかけると「いや、別に大丈夫です」と素っ気ない返答。廊下を見ると、他の三人が大声で楽しそうに話しています。

　さて、あなたならどうしますか？

　「大丈夫」の言葉を真に受けてスルーしていると、この子どもたちの人間関係はどんどん泥沼にはまります。この状況で、明らかに大丈夫ではないことは明白です。

　ただ、安易に解決のためのリアクションを起こしても、結局何も解決しないのも事実です。そもそも、普段のグループ内における人間関係も、本当にいいのかどうか疑問です。複数人が「いつも一緒」ということ自体、不自然なことであり、ある意味一人でいるということは自然ともいえるのです。

　では、どうしたらよいのでしょうか。

女子グループの「仲良し」をつなぐ力関係を見抜く。

　とるべきリアクションは，とにかくまずＡさんから個別に話を聞くことです。それも，グループの他の子どもにわからないように，場所や時間も気遣ってあげる必要があります。そうすれば，99％何かしらの話が出てきます。その後で，**本人にどうして欲しいか聞いた上で，次の行動を決めていきます。**そこを先走って，グループの子どもたちに「仲間外れにしないで仲良くしてあげて」などと言うことは「やぶへび」であり，余計に事態をこじらせるので，絶対にしてはいけません。また，Ａさんに頼まれた後でグループの子どもに話を聞くという時も，必ず個別に呼び出して一人ずつ聞くことが鉄則です。グループ一斉に同じ場で聞いたら，絶対に本音が出ずに，もっとひどいことになります。グループ内には必ず力関係があり，中にリーダー格の子どもがいる場合には，全ての発言への無言の圧力がかかります。

　大前提として，**特に高学年女子のグループ内では，仲間外れがグループ維持の常套手段として意図的に用いられるという心構えが必要です。**このグループ内での仲間外れが輪番でくるというような状況が，多々見受けられます。そのようにしないと，グループが維持できないのです。これはリーダーが未熟である場合，スケープゴートとして一人「仮想敵」を仕立て上げることで，やっとグループ内の連帯感を保てるからです。比較的大人しい相手がスケープゴートの対象にされやすいのも特徴で，国家間レベルでも用いられるぐらい，はっきりと効果のある方法です。時にリーダー格の子どもが仲間外れになることもあり，メンバー内は常に危険に晒された状態です。何より，全員を安心させてあげることを優先しましょう。

まとめ

グループ内のいじめ対応は，全員の安全・安心を守る視点で。

子ども同士の関係

\リアクション？|

ペアやグループづくりで
いつも同じ子どもが
余る時

|スルー？|

シチュエーション

　体育の時間，「二人組でペアを作りましょう」「次は三人組です」と活動ごとにグループの人数を変えています。しかし，この指示を出すと，いつもA君かBさんがペアやグループを作れずに最後までうろうろしています。

　周りの子どももそれに気付いている様子ですが，特に声をかけたりグループを作り直そうとしたりはしません。

　さて，あなたならどうしますか？

 スルー   リアクション

　この例では，はっきりと仲間外れの傾向が見られます。当たり前ですが，このままスルーしていいわけがありません。明らかにクラス内の人間関係に歪みが見られます。こういう事態になるということは，「いつも同じ」に組んでいる子どもたちが必ずいるはずです。クラス全体が排他的であり，保身的である証です。

　では一方で，「A君がかわいそうだから入れてあげなさい」というようなリアクションが明らかに間違いであることもわかると思います。それで何とかなるようなら，そもそもこのような事態にはなっていません。そしてこのような場面でそういった同情をかけられるということは，本人にとって何よりも屈辱的なことです。何かすべきですが，下手な言動は禁物です。

　では，どうしたらよいのでしょうか。

見抜くポイント

前提として，学級内に安全・安心がないことを見抜く。

この場合，そもそも子どもたちの自由意思によるグループづくりのような活動自体を行わないようにするというのが，まずとるべきリアクションとなります。

人間関係に安全・安心がない場合，自由なグループづくりというのは基本的に避ける必要があります。特定の子どもがいつも一人になってしまうというような場合はもちろん，逆に特定の子ども同士がいつもひっついているような状態の場合も同様です。この関係性が，任せておいて自然に良くなることはまずありません。

このような状況が見られる場合，こちらでペアやグループを予め決めておき，子ども自身には選択の余地を残さないことが原則です。決まった番号同士で組む，隣同士，同じ班で組むなど，子どもの側に一切の選択肢を残さないようなグループづくりが必要です。自由にペアを作らせるというような活動は，人間関係が良好であるという前提のもとで行うべきものです。安全・安心でない人間関係の中で，それらを行うのは非常に危険であり，一部の子どもにとって非常に残酷です。

そもそも健全な学習というもの自体が，安全・安心な人間関係の上でないと機能しません。ペアづくりができるどうこう以前に，普段の活動から子どもたちに安全・安心を与えるような人間関係づくりに力を入れることが先決です。この学習の原則は，職場における仕事の原則と同じことです。

普段の授業で，安全・安心を作るところから始めましょう。

まとめ

安全・安心のベースのないところに，ペア活動は成立しないと心得る。

＼リアクション?｜

特定の子ども同士で おしゃべりが 止まらない時

｜スルー?＼

シチュエーション

　朝の会でも給食中でも帰りの会でも，事あるごとに喋り出して，それが止まらないＡさんとＢさん。仲がいいのは結構なことなのですが，注意しても気にせず，なお喋り続けるので，周りの子どもたちも困惑している様子。誰かが前で話しているような時にも喋るので，必要なことが聞こえず，周りもいらいらし始めています。

　さて，あなたならどうしますか？

 スルー   リアクション

　このような状況の場合「二人は本当に仲がいいね」と，何となく注意する程度で流してしまう人もいるのですが，このスルー対応は実は危険です。周囲のこの二人への反発はもちろん，これを制さない担任へも不信感が募ります。「自分たちは言うことを聞かない」ということで，マウンティングされている可能性もあります。

　何かしらのリアクションが必要なのですが，問題はそのやり方です。この状況で，そのまま注意して，この二人のおしゃべりがやむとは思えません。どういう文脈でこういうことになり，二人のおしゃべりが始まっているのかを見抜く必要があります。

　では，どうしたらよいのでしょうか。

どちらが先に話しかけているのか，まず見抜く。

　このケースの場合，先に話しかけているのはＡさんかＢさんかをよく観察する必要があります。

　いつ見ても二人とも喋っているので，二人ともがおしゃべりと同じように括ってしまいそうですが，大抵はどちらかが毎回話しかけてきっかけを作っています。

　なぜそうなるかというと，一つ考えられるのが，力関係です。片方が話しかけてくることに対し，無視することができず，他方も対応せざるを得ないという状況があり得ます。この場合は単に座席を離せば解決しますが，配置としては力の強い方を後ろにして，もう一人の視界には入らないようにします。（すぐ横や後ろは，つついて振り向かされるので，これもだめです。）

　もう一つ疑うべきは，二人のうちの片方がとにかく自分をコントロールできない子どもである可能性です。ＡＤＨＤの場合などもこれに含まれます。これにもう片方がつい引っ張られてしまう，というパターンがあります。特に低学年には多いパターンです。

　こういった子どもを相手にする場合，座席を一番前にするなどして，基本的に担任がこの子どもに対応できるようにします。話しかけるのに適切でないタイミングの場合は「意図的な無視」をすることを，本人と予め約束しておくことも大切です。周囲に引っ張られやすい子どもは，座席の位置を，落ち着いた子どもたちの近くにするなどの配慮も必要です。

　いずれにしろ，まずどちらがよく話しかけているのかを見抜き，次の段階でケースに応じて手段を考える，という手順を踏むことが大切です。

まとめ

おしゃべりは，一人ではできないから，座席配置で対応する。

リアクション?

特定の子どもが何か言うと 茶化す時

スルー?

シチュエーション

　クラスの中で，何となく周りとは違う独特の雰囲気をもつA君。おっとりしており，基本的にのんびり屋で，喋るのもゆっくりです。A君が授業中に何か言うと，時々クスクスと笑いが起きます。指名すると答えられないことが多く，それに対しては「先生～，A君はいつもこうだからいいんですよ～」などと言う子どもがいます。周囲もそれにつられて笑っています。A君は，何も言いません。

　さて，あなたならどうしますか？

 スルー   リアクション

　これは，どう考えても特定の個人へのいじめの傾向が見えているので，スルーは厳禁です。これほどあからさまでなくとも，担任をしていると，特定の子どもの発言に対し「何となく」変な雰囲気になる，というのを感じとる場合があると思います。

　平たくいうと，このA君は，クラスで周りの子どもたちから「下」に見られているわけです。そういう空気自体が問題ですが，高学年だと，これまでの長い時間でそれが作られていることもあります。つまり，長い時間をかけて構築されているものなので，普通に注意したり叱ったりしたぐらいでは，根本的に変わることはありません。

　では，どうしたらよいのでしょうか。

一人を下げることで，安心を得ようとしている醜さを見抜く。

　学級集団における特定の子どもへのいじめ問題と，大人社会におけるSNSなどでのバッシング行為は，相通ずるものがあります。どちらも誰かを下に置くことで，自分の立場がそれより上であることを確認し，安心しているのです。非常に汚らしく，醜い行為です。

　結論からいうと，ここには生半可な態度でなく，教師の毅然とした対応が必要です。やられているＡ君を100%守るという姿勢と，いじめや差別を絶対に許さないという，社会的悪への怒りを表明すべき場面です。ただし，怒鳴るような行為は避け，静かに，かつ力を込めて語る必要があります。

　私なら，次のように語ります。

　「今，私は非常に悲しい気持ちと怒りの気持ちでいっぱいです。悲しみと怒りというのは，根っこは同じ感情なのです。皆さんはＡ君が，どういうつもりで今のような発言を聞いていると思いますか。私は，皆さんの親御さんから，大切な大切な皆さんを預かっています。だから，一人一人が大切な子どもなのです。この行為を知って，皆さんの親御さんは，どのように思われるでしょうか。果たして，よくやった，さすがうちの子だ，いいね，と言ってくれそうでしょうか。一人を差別するクラスは，全員が差別されます。これは，必ずです。誰かを下げて自分が安心するような，汚い人間にならないでください。私はこのような行為が，大嫌いです。今後，二度としないでください」これぐらい強く語っても大丈夫です。多くの子どもの善良な心に，必ず響きます。普段どんなに楽しく優しく穏やかな先生であっても，こういった場面では，毅然とした強さを見せましょう。

まとめ

　いじめに関することは，絶対に譲らない覚悟の姿勢を示す。

子ども同士の関係

\リアクション?/

周りにちょっかいを
出すのが止まらない時

\スルー?/

A君はいわゆる「落ち着きのない」子どもです。普段からおしゃべりが止まらず，誰かが話している途中でも遠慮なく口をはさみ，自分の言いたいことを言ってしまいます。

周りの人へもやたらにちょっかいを出し，トラブルが絶えません。注意しても，少し目を離すと，すぐまた周りにちょっかいを出し始めます。A君は何度言ってもどうしても聞かないということで，これまでの担任も諦めてきた様子です。

さて，あなたならどうしますか？

これは，特殊ケースです。「これまでの担任が言い続けてきた」という経緯を見ても，特別な対応が必要な子どもと見て間違いありません。発達障害など何らかの苦手さをもっていることを疑います。

発達障害のある子どもへの対応は，一般的なアプローチとは全く異なります。普通は，学年が上がるにつれて，周りに注意されるうちに段々とちょっかいは減ってくるものですが，発達障害のある子どもの場合にはこの傾向が当てはまりません。ここへの対応としては「スルー＆リアクション」になります。

では，具体的にどうしたらよいのでしょうか。

実は本人もどうにもできずに困っていることを見抜く。

　発達障害が疑われる子どもの場合，**自分の意思や努力でどうにかできるという類いのものではありません。**独特のコミュニケーション方法をもち，こだわりも強いため，その子どもに応じた特別な対応が必要になります。そして全ては，その子どもに合った環境設定が肝になります。

　スルーする部分と，リアクションする部分を分けます。

　まず「動かないようにする努力」という方向性を諦めて，スルーします。動いてもいい環境にする，というのがポイントです。いくら動き回っても構わないので，代わりに「他人に乱暴をしない」「人のものに触らない」ということだけに努力を絞ってもらいます。ここがリアクションです。これには，周りの承諾も大切です。一番自然なのは，全員に同じルールを適用してしまうことで，「授業中であっても動いてもいい環境」にしてしまうことです。こうすると，用事のない子どもは意外と無駄には動き回りません。

　やたらな発言に対しても同じです。人の発言の途中で口をはさんでしまう時には，目で合図するだけで，聞き流してスルーするという約束をします。これも，A君だけでなく，全員としておくのが一番自然です。

　実際にやってみて，不都合が起きるようなら，周りとも相談してルールを微調整していきましょう。また，校内の特別支援教育コーディネーターと連携して，対応の方針を揃えておくことも必要になります。

　特別な対応が必要な子どもに配慮することで，それ以外の子どもにとっても助かるということはよくあります。視点を転換して対応を見直しましょう。

まとめ

本人の動きが止まらないなら，動いてもいい環境を作る。

＼リアクション?／

手を繋いで
トイレへ行くのを
見かけた時

＼スルー?／

　ある休み時間，廊下を歩いていると，ＡさんがＢさんと手を繋いでトイレに入っていきました。

　別の日に教室で二人の動きをよく見ていると，「ねえＢ，トイレ行くよ」と言ってＡさんがＢさんに声をかけていました。その後にまた先日と同じようにトイレへ向かう姿があり，その後も何度も同じような光景を見かけています。

　それとなく二人に聞いてみると「うちらはいつも一緒の仲良しだから」との答え。

　さて，あなたならどうしますか？

　ここをスルーすると，この関係が続いていくことになります。「仲良し」と言ってはいますが，実際はＡさんとＢさんの間には上下関係が存在し，Ｂさんの側はこの言動からして，支配されている可能性が高いです。

　しかし本人たちは「仲良し」を公言しているので，単に離れるようにだけ言うと，特にＡさんの方に「仲良しなのに，先生は私たちの仲を引き裂こうとしている」などと陰で言われ，さらに支配関係を強めかねません。

　では，どうしたらよいのでしょうか。

「仲良し」の公言は心理的不安の表れと見抜く。

　ここへのリアクション対応は「認める＆やんわり注意」というセットで行います。具体的には「二人はとっても仲良しなんだね。でも，トイレは一人で行くところだし，周りの人も気になるから，手を繋いで一緒にトイレに行くのはやめようね」といった具合です。支配関係にある場合，Ｂさんの方は，これでほっとしているはずです。Ａさんは納得いかないかもしれませんが，「周りの人」を出し，公的に迷惑になると伝えることで，社会的なことを気にし出す高学年女子なら，承諾せざるを得ないはずです。

　これは女子，特に高学年になるにつれて多いのですが，「仲良し」を学級内に置くことで，安心しようという心理的な防衛傾向が見られます。

　この理由の一つに「アタッチメントの移行」があります。心理学におけるアタッチメントとは，愛着行動のことであり，心理学的には「恐れや不安の情動がある時に，安全を回復・維持しようとする傾向性」を指します。その第一対象が，乳幼児期から低学年ぐらいまでは母親なのですが，小４から小６にかけて友達に移っていきます。つまり，友達を自分の安全基地にしたいと思うようになるのです。

　さて，ただ安全基地として頼るだけならいいのですが，不安感が強いと，そこへの執着が起きます。極端になると「他の人と話さないで」というように相手に命令するようにもなります。

　思春期のこの辺りの不安な心理も汲んであげて，誰とでもつながれる安全・安心な学級づくりの方に力を注ぐようにしましょう。

まとめ

不安な気持ちを理解して，安全・安心を教室に作るように心掛ける。

リアクション？

机の中がぐちゃぐちゃな時

スルー？

　ある学級が，いつも落ち着きません。担任に言わせると「何をやるにも子どもたちが遅い。落ち着かない」とのことです。

　授業が始まる前，「教科書を出しましょう」と言っても，ガサガサと机の中の引き出しをあさり，なかなか出せない子どもがいます。授業開始時刻が５分経っても，まだ準備できずに動いています。中には，中のものが引っかかっているらしく，引き出しそのものを取り出すのに苦戦している子どももいます。

　これが一人ではなく，何人もいる状態です。そうこうしているうちに，最初から準備を終えていた子どもたちが，飽きて動き始めました。

　さて，あなたならどうしますか？

スルー

リアクション

　これをスルーして，机の中ぐらいどんな状態でも大丈夫，と思っていたら大間違いです。もちろん，個人差はありますが，平均的な基本がぐちゃぐちゃ，というのであれば，100％担任の指導が悪いだけです。この状態で，深い思考のできる落ち着いた学級になることはまずありません。

　さて，リアクションとはいえ，その場で注意したり直したりしていても埒があきません。全体としての指導が必要であり，習慣化が必要です。

　では，どうしたらよいのでしょうか。

机の中の状態から，頭や心の状態を見抜く。

　まず「机の中の状態は，頭の中の状態と同じ」ということをおさえます。つまり，机の中がぐちゃぐちゃということは，思考が散らかっているということです。更には，気持ちの落ち着きもありません。

　具体的には，整理整頓をきちんと指導することです。更にいうと，「整理」と「整頓」を分けて，それぞれ指導していくことが大切です。

　「整理」は，捨てることです。机の中に入っている，余計なものを排除します。当然ですが，ごみ類をまず捨てます。机の引き出しの中に入っているものは，毎日，あるいは週１回以上程度は使う「レギュラーメンバー」だけです。例えば，ある時期の音楽の学習に使っていた「カスタネット」が未だに入っている子どもがいるかもしれません。これは，少なくとも今使う予定のないものです。ランドセルなりにしまわせて，持ち帰らせます。これらの作業をするだけで，子どもの集中力が増し，トラブルが減ります。

　続いて「整頓」に入ります。机の引き出しの中に残った「少数精鋭」をどう配置するか。基本は，「よく使うものが手前」，「先に使うものが上」です。この原則だけ続けていれば，探す手間はかかりません。結果，落ち着いて授業を受けることができます。

　机の中ぐらいと軽んじずに，「水曜日は整理整頓デー」などと決めて，こまめにチェックする習慣を身に付けさせましょう。

教室環境

まとめ

心構えを説教するよりも，机の中を整えよう。

� リアクション？

床にたくさん物が
落ちている時

スルー？

シチュエーション

　休み時間，教室の床に，丸まった紙くずが落ちているのを見つけました。よく見てみると，ごみ以外にも鉛筆や消しゴムなど，他にも色々と落ちています。

　その近くには，たくさんの子どもがいます。落ちていることに気付かないのか，誰も拾おうとしません。

　さて，あなたならどうしますか？

　この場合，単にスルーしてしまうと，この状態が続くことになります。ただ，子どもに直接「ごみが落ちているから拾って」と伝えても，それでは言われたことをやるだけの子どもになってしまいます。また「自分のものではない」「自分が落としたごみではない」などと言って，断る子どももいるかもしれません。

　一方，何も考えずにその場しのぎでそのまま教師が拾ってしまうだけでは，子どもたちはそもそも落ちていることに気付かず，やはりこの状態が今後も続いていきます。かといって，放置していては，改善されません。

　では，どうしたらよいのでしょうか。

物が床に落ちているのではなく指導が抜け落ちている事実を見抜く。

　この「床に物が多く落ちている状態」というのは，学級崩壊をしている教室や，崩れかけている不安定な教室によく見られる現象です。子どもたちの心がかなり荒れているのに，担任が気付いていないだけという場合にもよく見られます。床にごみや物が散乱している教室で，安定した学級というのは，あり得ないと考えていいです。

　この床の状態には，担任の日常の指導や在り方が表れています。日常に問題があるから，物が落ちているのであり，それは日常の指導が抜け落ちているということです。

　まずは「床に物が落ちていないのが当たり前」という状態を作ります。一度作れば，キープするのは容易になります。

　どういうことかというと，「ブロークン・ウィンドウ理論」というものをご存じでしょうか。アメリカの犯罪学者ジョージ・ケリングが提唱した理論です。窓が1枚割れただけの車を広場に放置しておくと，車全てがめちゃくちゃに壊されるという実験です。要は，一つの乱れを放置することが，大きな乱れにつながるということです。

　この理論は，学級の環境づくりにも応用できます。即ち，床に物が落ちていることが普通になると，どんどん落とすようになり，放置されるようになって，悪化していくということです。逆にいえば，床に物が落ちていないのが当たり前になれば，落ちていることに気付けるようになるだけでなく，落とすこと自体も減るということになります。

まとめ

まずはきれいな床にして，落としにくい環境を作ろう。

╲リアクション？│

それでも床に落ちた物を
見つけた時

│スルー？╲

　「まずは床をきれいにする」を実践し，担任が率先してごみを拾って，床
をきれいにしていても，やはり時々，物やごみが落ちています。

　休み時間，教室の床に鉛筆が1本落ちているのを見つけました。みんな外
に遊びに出ており，教室にいるのは，数人の子どもたちだけ。みんなのんび
り過ごしており，床に落ちている鉛筆には誰も気付かない様子です。

　さて，あなたならどうしますか？

スルー　　　　　　　　　　　　　　　　　　リアクション

　ここはスルーして子どもが自ら落ちている鉛筆を拾うのを待つ，といきた
いところですが，この状況だと，本人たちの力では気付きそうにありません。
（逆に，自分たちで気付いて動けそうな状況の場合なら，スルーの方が上策
です。）

　しかし，ここでまた担任が拾ってしまっては，せっかくのチャンスをドブ
に捨てることになります。やはり，子どもに拾って欲しいところなのです。
しかし，いくら待てども，気付きそうにありません。

　では，どうしたらよいのでしょうか。

子どもの本当は良い行動をしたいという気持ちを見抜く。

　先にいうと，「常にきれいな教室環境にする」を実現するには，長期戦になります。**前提として，１回や２回では変わらず，最低でも１か月，完全定着をするまでには，半年を要すると考えてください。**習慣を変えるのは価値のあることだけに，時間がかかるのです。

　この場合，気付いていないので，気付かせる必要がありますが，ここで「何か気にならない？」と言って動かそうとするのは，あまり上策とはいえません。担任の腹の内を探るような子どもに育ててはいけないのです。

　この場合，直接「誰か，それ拾ってもらっていい？」というように頼んでしまいます。誰か拾ってくれるはずです。もしそれでも動かないようなら，直接名指しで「Ａさん，拾える？」と頼んで拾ってもらいます。更に持ち主がわかるようなら，「机の中に入れておいてあげて」とお願いします。

　さて，この後が大切です。帰りの会などの全員が集まっている場で，「今日，休み時間に落ちている鉛筆を拾って，持ち主のところに届けて置いてくれる人がいました」というように伝えます。その事実だけでいいのです。そうすると，通常は「そうか，それはいいことだ」と素直に受け取ります。素直な子どもなら，次からは積極的にそういう行動をとるようになります。この時のポイントは，全員でなくてもいいのです。**数人が動くことで，それにつられて動く子どもが増え，結果的に多くの子どもがそのような動きを当たり前にとるようになります。**

　もし変わらなかったら，何度でも，同じことをやっていきましょう。

まとめ

良い行動を素直にとったことを，堂々と認めて広めよう。

縦書き：教室環境

リアクション？

ロッカーの中が
乱れている時

スルー？

シチュエーション

　床に物が落ちていることがないようにしようと心掛けているのに，子ども
の下校後に教室を見渡すと，いつも床に物が落ちています。

　どうやら，主にロッカー前にいつも物が落ちているようです。

　ふとロッカーの中を見てみると，かなり乱雑に物が詰め込んであります。
子どもがいる間は，ランドセルに隠れていて見えなかったのです。

　よく見える今なら，乱雑な状態のロッカーを整頓してあげて，今後物が落
ちないようにすることもできます。

　さて，あなたならどうしますか？

　ここでこちらが整頓しておけば，後が楽そうな気がしますが，ここで手を
出してしまうと，子どもの側に力がつきません。一時的にはいい状態になり
ますが，あっという間に元に戻ります。教室の床の話の時と違い，ロッカー
という場が個別に使用するスペースだからです。

　よって，この子どもたちがいない状況ではスルーが正解です。手を付けな
いでそのままにしておき，具体的なリアクションをとるのは，子どもたちが
来てからの話になります。

　では，どうしたらよいのでしょうか。

子どもがロッカーを「私物」と勘違いしていることを見抜く。

　ロッカーというのは，子どものもつスペースの中でも，特殊な場です。自分のものを入れる場でありながら，外にオープンになっているのです。これは，廊下にある個別の物掛けフックなどでも同じことがいえます。

　つまり，**ロッカーは完全な「私物」の場ではないのです。自分の使える場でありながら，教室の景観を作っているのです。つまり半分「公」であるという意識をもつ必要があります。**

　では，整理整頓の指導の手順の一例を示します。実際に子どもが動き出すと意外と時間がかかるため，学活の時間を使うのがおすすめです。

①後ろを振り返り，ロッカー全体の様子を眺めさせる

→この時点で動き出そうとする子どもが出るが，後でできるからということを伝えて制止する。

②数人に感想を聞く

→散らかっていて汚い，整理したいというような感想が出る。

③ロッカーは「公」の場であり，教室の見た目に関わるので，きれいにする義務があることを伝える

④ロッカーの整理整頓の手順を示す

→今すぐは使わないけれど，近々使う機会があるもの以外は捨てるか持ち帰る。ランドセルより手前に物を置かないこと。

　この作業だけで，最初は20分以上かかります。整理整頓の苦手な子どもには手助けしてあげます。あとは定期的に確認して，キープしましょう。

まとめ

ロッカーは教室景観の一部と心得るべし。

教室環境

\リアクション?/

ロッカーの上が
乱れている時

\スルー?/

シチュエーション

　教室後方のロッカーの上を見ると，誰のものかわからない私物がいくつも置いてあります。いつしか，当たり前のように物が置かれるようになり，中にはずっと置かれたままで動かされず，埃をかぶっているものもあります。

　子どもにそこを指摘して伝えると「別に誰も使っていないからいいんじゃないですか？」と返ってきました。確かに，そこは空きスペースであり，特に使うこともありませんし，置いていても何かの邪魔にはなりません。

　さて，あなたならどうしますか？

スルー　　　　　　　　　　　　　　リアクション

　これをスルーしていれば状況が改善されないのは完全に明白なのですが，実際の教室を見ると，長期間スルーされている状態がかなり多く見られます。「別に使わないからいい」と思っている人もいるかもしれませんが，意外にもこういったところに，普段の指導がなぜか通らないというようなことの原因があるのです。こういったことが，落とし穴なのです。多くの教師は，そこに気付くことができません。ロッカーの上の状態と学習指導は無関係だと思っているようですが，大いに関係があります。

　しかし，これもただ担任が気付いてきれいにしているようでは，同じ状態が繰り返されるだけです。リアクションするにも，根本的な改善が必要です。

　では，どうしたらよいのでしょうか。

「使われていないスペースは埋めていい」という勘違いを見抜く。

　おさえておくべき考えは，空きスペースというのは，言うなれば意図的に確保した空間的余裕であり，決して無駄ではないということです。

　想像してみてください。あまり余裕のない家や，荒んでいる状態の場所というのは，物が溢れて床から天井までの空間を埋め尽くし，ごちゃごちゃしているのではないでしょうか。逆に豊かで余裕のある場というのは，ゆったりスペースが広くとられており，極端に物が少ないのです。これはドラマの撮影等でも使われる常識で，貧しさや荒れを表現する時は，セットの中に大量の物を所狭しと配置します。逆に豊かさを表現する時は，すっきりさせて物を極力減らすのです。そうすることで，視聴者の心理を巧みにコントロールしています。

　つまり，ロッカーの上というのは，物を置くために空けているのではなく，意図的に空けておくべきスペースなのです。「公」のスペースということです。これにより，学級に「余裕」という安定をもたらしているのです。ロッカーの上は，中とは違い，本来は一切私物が置けない公の場なのです。

　これはつまり，公私の区別をするという指導につながります。「私」の物が置ける机の中やロッカーのような場所ですら，周りへの配慮が必要なのです。「公」のスペースに私物を置いていいはずがありません。もし置かざるを得ない状況なのであれば，きちんと公の許可を得るべきです。この場合，教室の管理責任者である担任がきちんと全体に理由を説明する必要があります。

　こういう話を全体の場でしておくことが，あらゆる指導の大前提なのです。

教室環境

まとめ

ロッカーの上の使い方指導で，公私の区別の教育をしよう。

\リアクション？/

掃除用具と用具箱の中が
乱れている時

\スルー？/

シチュエーション

　掃除が終わった後，掃除用具箱を開けてみると，荒れ放題の状態です。フックにきちんと掛けずに，自在ぼうきの毛先が潰れた状態で下に置かれています。毛先には大量の埃がついたまましまわれていて，そのせいで用具箱の中も埃が大量に溜まっています。ちりとりを見ると，割れていて先の方が破損しています。はっきりいって，滅茶苦茶です。

　さて，あなたならどうしますか？

 スルー

 リアクション

　これも言わずもがな，スルーを繰り返してきた結果なので，これ以上のスルーによる改善の見込みはあり得ません。

　さて，どうリアクションしたものか，というところが問題になります。「掃除用具がひどいよ」と伝えるだけでどうこうなるものなら，苦労はありません。しかし，このような雑然とした掃除用具と用具箱の状態は，かなり多くの教室で見られます。

　なぜこのような状態になってしまうのか，そしてそれの何が問題なのかがわかっていないと，リアクションのとりようもありません。

　では，どうしたらよいのでしょうか。

掃除用具の扱いが，学級の状態を表していることを見抜く。

掃除用具を整え，丁寧に扱うこと。実はこれこそが，学級の子どもたちへの接し方，人間としての関わり方そのものになります。

つまり，掃除用具が乱れている時，担任は学級の子どもを大事にしていない可能性が高いのです。そして，その態度は，そのまま学級の子どもたち同士の関係性をも示します。

なぜそんなことがいえるかというと，掃除用具の状態が，物事の準備から後始末までの姿勢を象徴しているからです。大切な子どもたちと共に，きれいで気持ちのよい環境で学びたいと思ったら，掃除をきちんとやるのは当然です。そして，今後もきれいにしていこうと考えているなら，次に使う人が気持ちよく使えるような状態に後始末をきちんとしておくはずだからです。

ここが抜けているということは，思いやりに欠け，自分のやるべきことをやらないで，先への見通しも悪いということです。そんな状態で，あらゆることがうまくいくはずがありません。

ここでの**必要な指導は，まず全体に掃除用具の理想形を示すこと**です。できれば４月の段階がいいのですが，真っ直ぐできれいな毛先のほうき，整った用具箱といったものを全体に示します。そして後始末まできちんと行って扱えば，１年間毎日使っても，この状態を保てる，という話もします。昨年度までに実際に１年間きれいに使ったほうきがあれば，それを提示するのが一番です。

全体で理想状態を共有して，それを保ち続けます。今が乱れているなら，そこから子どもと一緒に，全員でやり直していきましょう。

まとめ

掃除用具の扱い方は，学級の人間関係そのものと心得るべし。

教室環境

リアクション？

黒板の扱いが気になる時

スルー？

シチュエーション

　休み時間，黒板の前で子どもたちが寄ってたかって落書きをして遊んでいます。休み時間には黒板を自由に使ってもいいということになっているので，放っておきました。休み時間が終わると，みんな急いで黒板の絵を消していました。

　さて授業が始まる時，見ると黒板の下は色とりどりのチョークの粉だらけで，チョークもそこら中に散らばっています。黒板消しも同様に色とりどりのチョークの粉がびっしりとついた状態です。前の時間に出した新しいチョークも，折れて小さくなっています。

　さて，あなたならどうしますか？

 スルー　　　　**リアクション**

　ルールで OK になっているのだからスルー，というわけにはいきません。自由に使ってもいいというのは，言い換えるならば使用前後の責任をもつということです。後片づけまですることを含めての自由です。今回の状態は，明らかにひどく，適切とは言い難い状況です。

　しかし，使ってもいいということになっている以上，禁止をするわけにもいきません。叱るようなリアクションをとっても，「使っていいと言った」というように反発につながりかねません。

　では，どうしたらよいのでしょうか。

黒板というものの本質的な役割を見抜く。

　まず考えるべきことは，黒板の本質的な役割です。それは本来のあるべき扱い，位置付けといったことについてです。**黒板は本来，何のために教室に設置されているものでしょうか。これは言わずもがな，学習のためであり，授業に使用するためです。**教えたいことを書いて示すだけではなく，子どもから出た意見や考えを全体に共有するという大きな役割があります。つまりは，学習用の設備です。

　今では，教室の全面がホワイトボードというようなところもあります。どこでも話し合いができるようにです。これも，落書き目的ではありません。（落書きからのアイデアという面はあるかもしれませんが，その場合であっても主目的は学習です。）

　これを，子どもたちに次のように投げかけて考えさせます。

　「教室の黒板は，本来何をするためのものだろうか」

　そうすれば，本来が遊び道具ではないことに気付けます。更に，授業に支障が出るような使い方がまずいこともわかるでしょう。そこまで確認したら「では，次からどのように使えばいいか，使う人は考えてくださいね」で終わりです。まだ問題が残るようなら，都度確認していけばよいのです。

　また黒板の本来的な役割を考えると，休み時間に自由に使っていい，というルール自体を見直した方がよいかもしれません。黒板は，あくまで，学習用の設備。もしお絵かきをしたいのならば，ノートもあるし，それ専用のボードを別に用意してもよいでしょう。何でも子どもの自由にすればそれがよいというわけでもないのです。これも学習のけじめの一つです。

まとめ

黒板は，学習のためのもの。落書き帳とは区別しよう。

リアクション？

掲示物のはがれや
乱れがある時

スルー？

シチュエーション

　教室の一面に貼られた掲示物。よく見ると，傾いたまま貼られたものや，画鋲が落ちて片方だけでぶら下がっている掲示用ホルダーが見受けられます。子どもたちの中にも掲示係がいるし，気付いて直すだろうと思って見ていましたが，一向に直す気配はなく，むしろ他にもそのような状態の掲示物が目立つようになってきました。

　さて，あなたならどうしますか？

スルー

リアクション

　この例の場合，一向に直す気配がないので，気付くこともなく，スルーしても悪化が続くのは明白です。何かしらの手を打つ必要があります。

　掲示物の時も，床に物が落ちている場合やロッカーが乱れている場合と同様，黙って担任が直しておいたところで，子ども集団の意識の改善は望めません。全体への指導が必要になります。

　だからといって「きちんと直しましょう」「掲示物の画鋲はしっかりと留めます」と直接命じたところで，その場は直すかもしれませんが，また同じことが繰り返されていくだけです。誰かに頼んで直してもらっても，同じことです。全体としての意識が低いままでは意味がありません。

　では，どうしたらよいのでしょうか。

掲示物が気にならないことで，感性が鈍くなっていることを見抜く。

　掲示物のはがれや傾きぐらいどうってことはない，と思うかもしれませんが，これは担任と子どもの感性に関係します。

　なぜ掲示物が気にならないのでしょうか。それは，掲示物がいつもの風景の一部と化していて，関心の対象となっておらず，あるのに見ていないからです。つまり，教室環境にマンネリ化が起きている可能性があります。マンネリの環境の中では刺激がなく，気付きの感性が鈍っていきます。

　掲示物がはがれたり傾いたりしていたら，直さないと気持ちが悪いと思う感性が欲しいところです。まして，それが誰か個人の掲示物や作品であるのならば，いかに個を大切にしていないかが浮き彫りになっているといえます。はがれかけている作品の持ち主が，大切にされていない，切ないという思いをしないためにも，直してあげたいと思うのが人間的な感性です。掲示物等の在り方にはみんなで責任をもちたいところです。

　また掲示物などの教室環境に責任をもてるようになるためには，子ども自身に掲示計画を任せるというのも一つの手です。全てが決まった中でではなく，自分たち自身の手で教室を作り上げていく，という体験が，創造性を育み，責任感と所属感を高めてくれます。ただし，子どもに任せた場合においても，画鋲がいつの間にか床に落ちているといったことのないように，担任は安全面には特にきちんと責任をもつようにしましょう。子どもに任せるというのは，権限の一部移譲であって，責任までも渡せるわけではないという当たり前のことはおさえて実行しましょう。

教室環境

まとめ

掲示物は，感性を高めるためにあると心得るべし。

\リアクション?|

本棚の乱れが気になる時

|スルー?|

　休み時間，ふと本棚を見てみると，本棚の中が滅茶苦茶になっています。そもそも本をきちんと並べて立てておらず，なだれが起きた状態で斜めに立てかけてある状態です。上下が逆さまに入っているものはまだましな方で，背表紙が奥に向いて押し込まれてしまっているものや，並んだ本の上に横向きに放り込まれているものもあります。本を見てみると，表紙なども破れてボロボロです。本自体もかなり古いものが混ざっており，中には埃をかぶっているものもあります。

　さて，あなたならどうしますか？

　これもスルーしていては悪化の一途を辿るだけです。早々に手を打つ必要があります。

　だからといって，直接「本棚と本をきれいに扱いましょう」と言っただけでは何も変わらないでしょう。家でもずっと言われてきていることです。

　本を大切に扱わなくてはならないとわかっているのに，この状態だということを踏まえて，手を打つ必要があります。ただ，本自体も，学級文庫として最初から置いてあった大変古いものばかりで，せっかく整えても今一つといった印象です。

　では，どうしたらよいのでしょうか。

学級文庫の状態が, 担任と子どもの知的好奇心を表すことを見抜く。

　本を並べ直す前に, 学級文庫にどんな本が入っているか, まずは見直しましょう。**学級文庫の状態は, 学級の知的好奇心の指標になります。** なので, まずは担任の先生がこれだと思った本を入れることが大前提です。子どもが進んで読まなそうな, あまりに古い本は処分し, できれば, 新しくてきれいなものも入れていきましょう。その方が, 結果的に全てを丁寧に扱うようになります。学級文庫が人気コーナーになると, 係ができるようになって, 整理整頓もやったり呼びかけたりしてくれるようになります。

　一つ, 学級文庫に子どもが大好きな本が溢れ, 知的好奇心が溢れていく方法を紹介します。それは, 子どもが家から自分の本を持ってきて, 学級文庫に置いておくというものです。学級文庫に入れる前に, どんな本を持ってきたのかを本人が紹介します。内容だけでなく, 自分はこれにどういう思い出があって, どんな経緯で手に入れた本なのかを事前に紹介します。そうすることで, この子にとって大切な本なのだということが伝わり, 学級文庫にある間も大切にその本を扱うようになります。それでも人気が出てみんなが読み始めると, 少し破れたり汚れたりすることもある, ということを了承した上で持ってきてもらいます。ただしこの方法は, 子どもたちが相互に, 仲間が互いの本を絶対に大切に扱ってくれるという信頼のもとでしか成り立たない方法ですので, それを踏まえて実践してください。

教室環境

まとめ

学級文庫の状態が, 知的好奇心のバロメーターと心得るべし。

教師用の机や棚，引き出しの中身が乱れている時

リアクション？

スルー？

　ある日，子どもたちから「先生，私たちに整理整頓が大切とか言っているのに，先生の机はぐちゃぐちゃですね」と言われました。

　確かに見てみると，机の上にはノートを広げるスペースもないほどに物が積まれています。棚の中には物が乱雑に放り込まれて積まれています。子どもには見せませんでしたが，実は引き出しの中もペン類や書類が乱雑に詰め込まれて入っています。

　さて，あなたならどうしますか？

スルー　　　　　　　　　　　　　　　　リアクション

　ここをスルーして「先生は特別だからいいんです」は，当然通用しません。これだけ乱雑にしているのであれば，子どもからの尊敬を得るのはかなり難しいでしょう。指摘されて当然です。

　さてリアクションですが，ここまで「整理整頓をしましょう」と声かけをしてきた以上，まずは謝っておくべきでしょう。言い訳はききません。

　その上で，直そうとするのですが，ここは正していくべきところとわかっているのに，時間が立つといつの間にか乱れてしまうのです。

　では，どうしたらよいのでしょうか。

教師の机の状態が子どもに与える影響力の大きさを見抜く。

　学級の子どもは担任の姿を如実に映し出すので，担任の机や棚が乱れているのならば，子どもの方の状態は想像に難くありません。しかも，**前方にある教師の机や棚は，いつも子どもの目に触れているのです。心理的にも実際的にも影響を与えないはずはありません。**中には担任がどんなにだらしなくても，その影響を受けていないかのようにきちんとしている子どももいますが，この子はそもそも指導が不要な立派な人です。（担任が負けています。）

　さて，どうしたら教師の机や棚の整理整頓が実現するかですが，これまで書いてきた子どもへの指導を自分に適用することです。

　机の中の整理整頓の手順を示しました。まずは，捨てることからです。多くの学校の教師は，心配性の人が多いのか，不要なものを抱え込みすぎです。また，経験を積むほどに荷物が増えるので，捨てないととんでもない量になってきます。大抵のものは，誰かが同じものを持っていますから，捨ててしまっても大丈夫です。「必ず毎日使うもの」だけを机の中に，「時期が来たら使うもの」はロッカーの奥の方にきれいにしまい，スペースをなるべく多く確保しましょう。そうすることで，プリントや回収物をなくしたというようなトラブルも大幅に減らすことができます。

　子どもから見える担任の棚は，公共スペースの意識で，なるべく空けておきましょう。子どもから一時的に預かるものなどを置いておけるようにすると，子どもからも見えるので，お互いに気付くことができます。

　子どもを指導する前に，自分自身を正すことを心掛けましょう。

まとめ

教室環境を整えるには，率先垂範，教師自身からと心得るべし。

リアクション？

もっと子どもを見て欲しい
と求められた時

スルー？

シチュエーション

「先生，うちの子をもっとよく見てください」

開口一番，保護者に電話口で言われました。どうやら，担任として忙しいのはわかるのだが，自分の子どものことをよく見てくれていないのではないか，という不満があるようです。

確かに，普段教室に入ると，担任としての全体の仕事に手一杯で，その子を気にかけていなかった面が否めません。

さて，あなたならどうしますか？

 スルー　　 リアクション

これは当然スルーできません。相手はきちんと不満を口にしているのですから，こちらも誠実に何かしらの対応が必要です。もしこれで「結構見ているつもりなのですが…」などと言い訳がましく言おうがものなら，炎上確定です。相手が，不満を述べてきた時は，まずは聞いて受け止めることからです。（その要望をのむということとは別です。）これは保護者だけではなく，不満をもってそれを伝えてきた人に対しての対応の大原則といってもいいです。

しかし，よく見てくれと言われても，見ているつもりですし，これ以上の対応は難しいようにも思います。

では，どうしたらよいのでしょうか。

保護者の「よく見て欲しい」の真の願いを見抜く。

　そのまま受け止めると「よく見ればいいのね」となり，とにかく観察したり声かけをしたりといった行為になります。この対応は一面では正しいのですが，正解ではありません。第一，既にいっぱいいっぱいに頑張っているのであれば，このプラスアルファの努力は，結構しんどいことになります。何より，単に特定の保護者に何か言われたから余計に見るというのは，他の子どもに対しても不平等です。

　これは，保護者が何か子どものことで，気に病んだり苦しんだりしていると見抜くことが大切です。つまり，真の願いは，子どもを直接よく見て欲しいということとは違います。

　恐らくですが，親から見て，子どもの学校生活に何かしら不備が見えるのです。学習面か，生活面か，あるいは人間関係かもしれません。それが，子育てのせいなのかもしれないという不安になり，その不安や不満を担任にぶつけているのかもしれない，という可能性を考えます。そしてこれはよくあることなのですが，あくまで想像であり，保護者に直接聞かないとわかりません。よく見る努力はするということを伝えた上で，なぜそのように思ったのかということを，深掘りして聞き出しましょう。場合によっては，相手は途中で怒り出すかもしれませんが，そういった毒を出すようなことも必要です。真の願いに基づいた悩みや不安が見えてきたら，そこに寄り添って，可能な限り解消できるように前向きに努めましょう。

保護者との関係

まとめ

保護者の要望は額面通りに受け止めず，不安な気持ちに寄り添おう。

\リアクション？|

隣の学級と同じ対応を
求められた時

|スルー？|

　隣の学級の担任は，毎週のように学級通信を出しています。一方，自分の学級では，学級通信の発行は行っていません。それを知った保護者の一人から「先生，１組の先生は，毎週学級通信を出していますよね。２組でも学級通信を出してください」と言われました。

　さて，あなたならどうしますか？

スルー　＆　リアクション

　これは本来スルーをするべきところですが，その場で聞いたふりをしてそのままスルーをすると，後々ややこしいことになります。

　かといって，この要望をそのままのんで「では私も学級通信を出します」となったら，逆に信用を失います。「今までは何だったの？」ということになるからです。

　つまりここは，まずはリアクションとして先のページで紹介したような要望の対応の原則を踏まえた上で，こちらの意図を納得してもらいます。その上で，要望自体はスルーする，という手順になります。

　では，具体的にどうしたらよいのでしょうか。

隣の学級と同じ行動をして欲しいという要望の真意を見抜く。

この学級通信の話の例でいくと，要するに隣の学級のように，保護者が学級の様子を知りたい，羨ましいということに尽きると思います。（本当のことをいうと，信頼を置いて我が子を預けているのであれば，学級の様子を保護者があえて知る必要はないのです。つまりこの要望が出た時点で，根本的に信頼されていないと考えてほぼ間違いないです。）少なくとも現時点で，自分の子どもの学級の様子を保護者が知る手立てがないのではないかと考えます。

実際に話を聞いてみてそうなのであれば，これは手を打つことを考えますが，その場合，必ずしも学級通信という他学級と同一の手段をとる必要はありません。むしろ，年度はじめにあえて選択しなかったその手段は，とらない方がいいです。**保護者に言われてそのような一般的な手段をとるようでは，自分は学級経営に関して無計画で，言いなりになるものだと周りの保護者にも宣言するようなものです。**

そうではなく，保護者に学級の様子が伝わるような手段は，他にもあるはずです。例えば，子どもが連絡帳にその日の出来事を毎日日記のように書く，という手段があります。言うなれば，個人学級通信です。書いたものには担任は目を通す必要がありますが，保護者がメインの読み手であると想定するならば，担任からはチェックの印やスタンプだけでも構いません。（そうすることと，書くねらいも子どもに事前に伝えておく必要があります。）

考えればいくらでもあるので，保護者からの要望を一つのヒントだと思って，独自の取り組みを考えるようにしましょう。

まとめ

要望の真意を見極めて，独自の手段を打つべし。

保護者との関係

＼リアクション？｜

無理のある対応を 迫られた時

｜スルー？｜

　ある保護者が子どものことでよく電話をしてきて，担任はその都度相談を受けていました。子どものことで相談を受けているはずが，30分，1時間と聞いていくにつれて，いつの間にか保護者自身の愚痴や世間話になっています。それが毎回です。しかもその保護者の都合で，大抵夜の7時以降からしか連絡がとれません。

　ある日，当日の夜8時を指定されたので，「あいにく都合が…」と返したところ，「それでも教師なんですか!?」と逆上されてしまいました。

　さて，あなたならどうしますか？

 スルー　　　　 リアクション

　リアクションとして承諾し続けるというのが，相手の満足感を満たし続け，なだめ続ける方法です。しかしながら，相手が満足するまで付き合い続けていたら，全てを吸い尽くされてしまいます。それでは，本来子どもへ注ぐはずの活力すらも失われてしまいます。

　ここは，ある程度のところを越えた時点で，スルーしていく必要があります。この話の状況下でいきなりスルー，というわけではなく，ここでいうスルーとは「うまく断る」ということです。なるべくなら面倒なことにならないようにスルーしたいところです。

　では，どのようにしたらよいのでしょうか。

何に対して逆上しているのかを見抜く。

　前提として，どうやっても遅かれ早かれ，このような相手は逆上して襲いかかってくるという覚悟をもってください。うまくやろうとすることは意味がありますが，残念ながら際限なく要望を押し付けてくるため，最終的には要望に対応しきれません。そう構えておくことが大切です。

　さて，このように突然逆上する相手には，特徴があります。自己顕示欲が強く，普段から一見自信家で攻撃的なのですが，実はその真意は自信のなさの裏返しで，自己承認欲求が満たされていない可能性が高いのです。もっというと，自分の価値に自信がないため，自分の要求を否定されると，自分の人格の否定と受け取ります。**あくまで無理な要望への拒否なのですが「私自身を拒否した」と受け取られます。**

　つまりは，相手の存在を受け入れていると感じてもらうことが肝要になります。その前提に立ち，まずは代案を出します。他の日や時刻を提示し，拒否しているのではなく，どうしても無理だとわかってもらうことが大切です。そして時間を置くことで，冷静になったり，どうでもよくなったりしてくれることも多々あります。

　そして何より，この手の対応は，周りと問題を共有しましょう。学年主任が対応する日や生徒指導主任が対応する日，管理職が対応する日というように，チームで作戦を立てることが肝要です。担任だからという理由で，絶対に一人で抱え込まないことです。

保護者との関係

まとめ

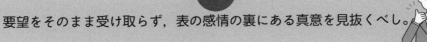

要望をそのまま受け取らず，表の感情の裏にある真意を見抜くべし。

\リアクション?|

怒り役を頼まれた時

|スルー?|

　ある保護者からの相談で「先生，うちの子は，私がどんなに言っても全く聞かないんです。家にいてもだらだらしていて，ゲームばっかりやっていて勉強もしないし，後片づけも手伝いもしないし，本当にどうしようもないんです。先生の言うことなら，聞くと思うんですけど。先生，学校で怒ってやってください」と頼まれました。

　さて，あなたならどうしますか？

　これは，怒るという要望に対しては絶対にスルーです。時に保護者ではなく，似たようなことで学年主任等の同僚からお願いされることもあるのですが，決して「怒り役」や「恨まれ役」を買って出てはいけません。頼んだ方は自分だけにこにこしていて，それを子どもが「優しいから好き」「でも○○先生は怒るから嫌い」などと陰で言っていて，受けた側はろくなことになりません。

　しかし，お願いをされたからには，単なるスルーはできないので，いかに柔らかにかつ効果的に受け流すか，というところに尽きます。

　では，どうしたらよいのでしょうか。

なぜ大人の要求を子どもがのまないのかを見抜く。

　そもそもは，子どもをどうにか自分の都合のよいように変えたいというのが，この手の要望の根本にあります。その汚れ役を他人にやってくれというのだから，ちょっと虫がよすぎます。

　ところで，なぜこの子どもは，この親の言うことを聞かないのでしょう。こんなお願いをするぐらいですから，子どもにも普段から相当理不尽な要求をしている可能性が高いです。つまり，子どもの方がまともな対応をしているかもしれない，という方向性を一つ考えます。ですから，こういう知的な子どもが想定される場合の返答は「一度，本人に話を聞いてみますね」で大丈夫です。「怒っておきます」などと約束はしておらず，話を聞けばよいのです。「何かこういうことだけど」と子どもに相談すれば，理知的に答えてくれることがしばしばあります。その後は「聞いておきました」で終わりです。

　とにかく，言った側が「要望を聞いてもらった」と思えることの方が大切ですので，基本はこれで対応します。子どもから具体的な理由が聞き出せて，それを伝えてもよいと言ってもらえたら，保護者にも伝えます。時に「もっとお母さんにほめて欲しい，認めて欲しい」「弟や妹ばかり見ていて，本当はぼくも抱っこして欲しかった」などといった切実な願いを聞き出せることもあり，母子共に涙したというような場合もあります。

　保護者も子どもも，実はもがき苦しんでいるというような可能性も考えて対応することが大切です。

保護者との関係

まとめ

お互いに求めていることが何かを探り当てるべし。

〉リアクション?〈

我が子のために行事を
中止する要望をされた時

|スルー?〉

「先生，うちの子がかわいそうなので，あの行事を中止にしてください」
ある日，保護者にこのように切り出された担任。何かというと，来月に行われる予定の「音楽発表会」において，その子どもが担当の楽器をうまく演奏できそうもないからなのです。実は，その前に別の人気の楽器担当をオーディションで決めた際，落選してしまったという経緯もあります。要は，その行事を本人がやりたくないということです。

さて，あなたならどうしますか？

「わかりました。行事を中止にしましょう」というリアクションが不正解なのは，誰でもわかることと思います。一担任の権限でそんなことができるわけがありません。ここでいうスルーとは，行事を中止するという要望自体はスルーする，という意味です。

ただこの場合，普通はなかなか言い出してこないような無理な要望をしてきている相手ですので，うっかりな対応は火に油を注ぐことになりかねません。しかしこの勢いで今後も迫られるのは勘弁して欲しいところです。

では，どうしたらよいのでしょうか。

本当はどうして欲しいのかを見抜く。

　この要望の場合，実は音楽発表会という行事の取りやめをして欲しいのではなく，我が子が意欲をもって音楽発表会に参加して欲しいというのが真の願いです。まずはここを見抜きます。

　さらにいうと，このような要望を保護者の方がしてくることから考えて，この子どもは家庭で自分の要望が色々通る環境であろうこと，学校で指導してもなかなか響かないであろうことは容易に予想ができます。

　ですから，通り一遍の指導をしても，子どもは変わりません。子どもも意欲をもたないのですから，保護者の欲求も充足されません。

　いくつか考えられる対応がありますが，まずは本人の話を聞くことが大切です。保護者と一緒にいても本人が喋らなくなるだけなので，本人が学校にいる時に直接尋ねる必要があります。そこで「頑張る」という声が引き出せれば最高ですが，なかなかそうはならないと思います。とりあえず，何が不満か聞き出せれば OK とします。

　ここで大事なのは，その子どもの要望そのままを受け入れるという手段はとらないことです。例えばもし最初の希望楽器を担当させたら，オーディションをした意味自体がなくなり，その教育信念を疑われるだけでなく，他の子どもから不満が出ます。なるべく充足できて，本人が前向きになりそうな代案を示すことが大切です。

　「無理を言えば通る」というようなことは決して学習させず，「きちんと願いに向き合ってくれる」と感じられる対応を心掛けましょう。

まとめ

本当に子どもの成長のためになる対応を心掛けるべし。

保護者との関係

授業の進度の心配をされた時

リアクション？

スルー？

　学級の保護者から，面談で次のような相談を受けました。「先生，うちの学級，進度は大丈夫なのでしょうか。隣の２組や３組はどんどん進んでいるようなのに，１組だけは遅れているように思うので，親として心配なのですが…」

　１組も年間指導計画上では決して遅れてはいないのですが，他の学級と比較して不安になっているようです。

　さて，あなたならどうしますか？

スルー　　　　　　　　　　**リアクション**

　ここは，スルーしません。年間指導計画のことなぞ知ったことではない保護者からすれば，真っ当な意見であり，当然不安でもあるからです。「自分も一生懸命やっているのに」と怒ったり反発したりする気持ちをもってしまってもいけません。それは保護者も知っています。

　ただ，要望のままに「わかりました。進めます」といったリアクションでは，「では今までは何だったのか」という不信感につながります。きちんと説明しつつ，理解してもらう必要があります。

　では，どうしたらよいのでしょうか。

同じ不安な気持ちをもっている人が複数いることを見抜く。

　これは「正当なクレーム対応の原則」と私が呼んでいるものになりますが，**正当なクレームを出してくれる人というのは，実は味方であり，有難い存在です。**他のたくさんの人が実は心の底で思っているような不満や要望を，勇気をもって代表して伝えてくれていることに他なりません。実は多くの保護者は，自分が学校から「モンスター」「クレーマー」などと言われることを恐れています。大切な我が子を預けている学校から，そのように思われるのは嫌に決まっています。

　その上で，先の要望なのです。つまり，他の保護者も同様に不安に思っているであろうことを見抜きます。ですから，**ここは一人への対応ではなく，全体に答えているのだという意識で対応します。**現代は保護者間でもSNSが普及しているため，一人に答えたことが拡散される傾向があります。この保護者が真っ当な方であればあるほど，きちんとした対応の場合は，周りにもきちんと広めてくれます。

　今回の場合，誠実な説明が肝です。年間指導計画の話もしつつ，決して遅れているわけではないこと，学年内では学級の独自性を出すために，あえて一律に揃えているわけではないというようなことも伝えます。場合によっては学年主任等に説明してもらってもよいでしょう。

　逆に，年間指導計画からしても本当に遅れすぎているというような場合，なぜここまで遅れてしまっているのかという話と共に，今後のペースを上げるための方策などを示して，とにかく安心してもらいましょう。

まとめ

個人の要望が，実は多くの人からの要望だと心得るべし。

保護者との関係

\リアクション?/

子どもが一人でいるのを
心配された時

|スルー?|

　保護者から「うちの子，教室でひとりぼっちじゃないでしょうか。特定の仲良しのお友達もいないみたいで，不安で」という相談を受けました。確かにその子どもを見ると，休み時間でも一人で過ごすことが多く，あまり積極的に誰かと一緒にいようという姿勢が見られません。本が好きで，普段から図書室に行っていることが多い子どもです。その姿を知っているらしく，保護者は不安に思って相談してきたようです。

　さて，あなたならどうしますか？

スルー　　　　　　　　　　　　　　リアクション

　これも保護者の切実な悩みなので，スルーはできません。保護者としては，これで本当に我が子は大丈夫なのかという不安を抱えているので，ただ「大丈夫ですよ」と言ってスルーするようでは，より強い不安感と不信感につながります。

　ただし，リアクションするとはいっても，単純に「では子どもをひとりぼっちにさせないようにします」という約束をするというわけでは決してありません。実はひとりぼっちであることに本質的な問題があるわけではないことが多いからです。

　では，どうしたらよいのでしょうか。

一人でいることの真意を見抜く。

　まず，保護者の中に「一人でいるのはよくない」という思い込みがあることをおさえます。単純化すると「一人でいる」＝「周りの人とうまくやれない」＝「社会に出た時に困る」というような図式です。また「一人は恥ずかしいこと」。これは幼少期より，周囲の大人が作る「みんな一緒にの横並び社会」により刷り込まれた「常識」によるものです。これは，本質的に正しくありません。これらの思い込みを取り払っていきます。

　一人でいるというのは，健全なことです。人間は，本来一人なのです。一人で立てる人間同士が必要に応じて助け合うというのが健全な社会です。寄りかかっているのとは違うのです。

　こういった考えをもった上で，子どもの事実に沿って誠実に答えていきます。特にその子どもが，他の子どもとは一風変わった趣味や性質をもっているのであれば，無理に周りと一緒にいることは，個性を殺すことにもなりかねません。またその子の精神年齢が平均とは違う場合にも，周りと一緒にいることが苦痛を伴うことになりやすいのです。

　好きで一人でいる，あるいは，特にそういったことに興味がないようであれば，それは本当に心配しなくていいことです。

　逆に，本人が本当はもっと他の人と一緒にいたいのに，仲間外れにされているような状況であれば，こちらが対処すべき問題がたくさん出てきますので，対策を立てて伝える必要があります。

　いずれにしろ，一人だから問題なのではなく，異質を排除するような学級風土が教室にないかどうかをしっかり見極めることが大切です。

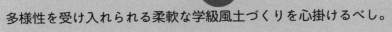

まとめ

多様性を受け入れられる柔軟な学級風土づくりを心掛けるべし。

\リアクション？|

特定の子どもと
席を離して欲しいと
要求された時

|スルー？\

　ある日，保護者から「○○さんと隣にしないでくれ」という要望を受けました。理由は「うちの子が意地悪されるから」「2年生の時にトラブルがあった」「実は幼稚園の時にも」と，色々とめどなく出てきます。

　とにかく，その子どもとは隣にしてくれるなとのことです。

　さて，あなたならどうしますか？

 スルー  リアクション ✕

　これでリアクションとして対応すると，後々に悪影響が出ます。一番だめなリアクション対応は，よく理由もわからないのに，言われたままにそのまま要求を受け入れて対応することです。これで，「何でもとりあえず言えば聞く」ということを伝えることになります。「この保護者は面倒だから」とか「一人ぐらい例外があっても」と思って要求をのむと，SNS等で他の保護者にも伝わって広がり，一気に悪い方向へ転がることもあります。**「恩恵は権利に変わる」**という法則があり，特別な対応が，いつの間にか権利化して当然のこととされるため「前に誰誰さんの時は，聞いてくださったとお聞きしましたが」ということになります。

　しかし，わざわざ言ってきた以上，悩んでいることであるのは間違いないので，無下にスルーすることはできません。

　では，どうしたらよいのでしょうか。

大人の勝手な都合なのか，本当に子どものためになるかを見抜く。

　この例の場合，本当に子どもが困っているのか，席を離して欲しいと言っているのかどうか，ということを第一に考えます。この場で決して約束せず，実際に子どもに話を聞く必要があるということです。

　この手の相談の場合，実は単に親同士の仲が悪いだけということがままあります。子ども同士は問題なく付き合っていけるのに「あの子とは遊んではいけない」と言われていることもあります。親のこういった言葉や態度は，子どもの将来の人間関係づくりに暗い影を落とすことになります。

　きっと，席が○○さんと隣になったら，我が子が困ると考えているのでしょう。それはわかるのですが，いつまでそれを続けるつもりなのでしょうか。いつ，我が子が成長するための挑戦をさせるつもりなのでしょうか。

　担任であるならば，これは両方の子どもの成長にも関わる部分です。したがって，この場合，きちんと本人に話をした上で，もしもそれでも席を離したいと本人が言ったとしたら，なぜそうしたいのか，長い目で見てどうしたらうまくやっていけそうかを，真剣に話し合う必要があります。

　あくまで，合わない相手と仲良くするのではなく，うまくやっていくことを考えるのです。それは，社会で生きていく上でとても重要な力になります。苦手な相手に対し，逃げるだけなのか，うまく対応する術を身に付けるのかの違いは大きいです。実際の社会は，自分好みの人だけを揃えて用意してくれるオーダーメイドの場ではないからです。

　子どもの成長を第一に考えて，誠実な対応をしていきましょう。

まとめ

本当に子どもの将来のためになる対応を心掛けるべし。

\リアクション？|

学年で何でも揃えようと
言われた時

|スルー？|

シチュエーション

　学年主任は，とにかく面倒見がいい人で，かつ心配性です。掲示物はもちろん，授業のやり方や板書の方法，学級経営の仕方や目標まで，何でも揃えたいようです。

　放課後，ちょっとしたおしゃべりの合間に「今度席替えをしようと思うのですが」と話すと，「うちのクラスは座席を私が決めているから，同じように揃えて」と言われました。実施のタイミングまで揃えないといけません。

　さて，あなたならどうしますか？

 スルー  リアクション

　これは，揃えるにしても揃えないにしても，リアクションをとる必要があります。スルーしていると，本当に自分で考えないまま１年間が終わってしまうからです。それではたとえ学級がうまくいったとしても，一時的な成功で終わってしまい，自立できません。

　しかし，やたらと反発するのも間違っています。元々面倒見がいい人だとすれば，自分のことを思って言ってくれている可能性が高いので，礼儀を踏まえてどう返すかが重要です。またこちらに「揃えて」と言うのは，それなりに理由があるからです。

　では，どうしたらよいのでしょうか。

揃えようとすることが，何の心配からきているのかを見抜く。

このシチュエーションは，学年メンバー全体が若い時，特に新卒のメンバーが学年にいる時に多く見られます。その真意は，何もわからないだろうから心配であり，揃えることで何とか面倒を見てあげようという，いわば「親心」からきていることがほとんどです。しかしご存じの通り，「親心」による親切の多くは，本人の成長にとっては余計なお世話になってしまいがちです。

小さい子どもを見る親のような気持ちで，心配で一人で行動させられない，というのが本音なので，親切で言ってくれてはいるのですが，簡単にいうと，日頃の状態から，メンバー全体の実力を認められていないと考えていいでしょう。

その証拠に，メンバーの中に学年主任と同程度の実力者がいる場合，色々と揃える要求はしないはずです。揃えて面倒を見る必要がないからです。

要は自分をはじめとするメンバー全員が，一人の担任として任せて丈夫だ，と思われるような頼もしい姿を先に示すことが必須になります。

そのためには，まず自分の学年・学級の仕事をきちんと行うことです。学級がガタガタの状態，学年の仕事すらも責任をもってやれていないような状態では，聞く耳をもってもらえないでしょう。

その上で，自分の考えを述べることです。その時に「でも…」は禁句です。それよりも「揃えた方がいい」という理由を聞きましょう。その上で「確かに，そうですね」と同意した上で，「私としては，こう考えている」ということを伝えていきます。

安全・安心がベースというのは，職員間でも同じなのです。

まとめ

まずは学年と学級の仕事をしっかりとやった上で，意見すべし。

\リアクション？|

子どもの悩みや愚痴を
相談された時

|スルー？\

　ある日の放課後，同僚が子どもの下校を見送って職員室に入ってくるなり，クラスのＡ君について，今日あった出来事をあれこれと話し始めました。どうやら，授業を相当引っ掻き回されたようで，かなり手こずって参っている様子です。

　さて，あなたならどうしますか？

 スルー   リアクション

　一応リアクションとしましたが，ただ聞いて欲しいだけなようであるなら，うんうん頷いてスルーしているだけでも問題ありません。その場合は，何か他の作業をやりながらではなく，きちんと聞いてあげるということだけが大切です。

　職員室に入ってきて早々に愚痴るぐらいですから，結構しんどいのだと思った方がいいでしょう。だから，聞いているだけでなく，何かしらのリアクションをとる必要があります。しかし，下手にアドバイスをしたところで，ある程度の経験のある同僚ならば大抵はわかりきったことであり，場合によっては火に油を注ぐことにもなりかねません。

　では，どうしたらよいのでしょうか。

相手が，今何をしたら本当に助かるのかを見抜く。

　愚痴を聞いてもらえれば，気持ちは楽になるかもしれませんが，現実自体は変わりません。また，アドバイスをもらえて，それが実行できるならばいいのですが，大抵は実行自体が難しい状況になっています。子ども相手でも，やはり人間関係のストレスというのは，しんどいのです。

　では，何が助かるのかというと，実務面の代行です。時間の余裕をあげるのです。しんどい同僚のために，何か自分が代わりに助けてあげられる作業はありませんか？例えばこの後，その同僚が子どもの保護者に連絡を入れなければならないという状態ならば，そこに結構な時間を使うことが予想されます。そして，その業務は自分が代行してあげることができません。だったら，日直の見回りを代わりに行ってあげるとか，印刷をまとめてしてあげるとか，そういう自分ができる実務的な作業をやってあげればいいのです。しんどい時，実はそれが一番助かります。助けようはいくらでもあります。

　実務面で支えようとすることで，相手の気持ちの負担も減ります。これは子どもにもよく伝えることなのですが「時間が無限にあったら，限りなく優しくできる」のです。実際に子どもに対して「早く！」の言葉が出てしまうのは，時間が限られているからです。時間と気持ちの余裕は連動します。時間をプレゼントすることで，相手の気持ちは楽になります。

　愚痴を聞いてあげたりアドバイスしてあげたりするのもいいのですが，それよりも，誰もが喜ぶ時間こそプレゼントしてあげましょう。

同僚との関係

まとめ

気持ちがしんどくなっている同僚には，時間をプレゼントしよう。

＼リアクション？｜

同僚が保護者のことで 悩んでいる時

｜スルー？＞

　保護者との長い長い電話を終えて，ぐったりとしている同僚。どうやら，保護者から相当厳しいことを言われたようです。電話口からも保護者の怒りの声が漏れ聞こえていたことからも，かなり落ち込んでいることは想像に難くありません。あまりの落ち込みように，声をかけようかも迷うところです。

　さて，あなたならどうしますか？

スルー  リアクション

　ここはそっとしておいてあげてスルー，と思うかもしれませんが，このような時にスルーすると，一層本人の孤立感が強まります。ただでさえ自己肯定感が著しく下がってネガティブになっているので，誰にも声をかけられないことによって「どうせ自分なんて誰からも相手にされていないんだ」などと無意味に自己卑下しやすくなっています。仲間として，何かしらのリアクションをとるのが正解です。

　しかし，下手な励ましや気分転換を促すような言葉は逆効果です。何といっても，地の底まで落ちている状態ですから，全ての言葉がネガティブに映ってしまい，うかつな声のかけ方は，より落ち込ませることになります。かといって，放っておけない危険な状態です。

　では，どうしたらよいのでしょうか。

どうしたら一番本人の気持ちが救われるかを見抜く。

　保護者からの強烈な言葉やクレーム，これほど，学級担任にとってこたえるものはありません。教育学部の学生などに聞いても，教員を目指すにあたって一番恐れているというのが，この保護者対応です。これが嫌で教員にはなれない，なりたいと思えないという学生も少なからずいますが，世間に流れるニュースや噂を見聞きしていれば，仕方のないことだともいえます。本当は「温かい保護者に支えられて幸せな気分で担任をさせてもらった」ということの方が圧倒的に多いのですが，こんなことは世間にとっては全く面白くなく，ニュースになりませんから，嫌な面ばかりが目立つのも至極当然です。白いシーツの中の一点のシミのごとく，99のいいことや問題ないことより，1の問題が目立って気になってしまうものです。

　そう，この保護者のクレーム対応というところの辛さは，たとえそれを言ってくるのがクラスの中のたった一人であっても，大変厳しいものです。そして，これがどうしても孤独になりがちです。当たり前ですが，電話口での対応は一人であり，その学級の担任は自分一人だからです。

　この孤独感を埋める手立てが必要です。自分も悲惨な経験をしたことがあるなら「自分も辛かった」という話をすることがいいこともあります。（だからそれぐらい大したことない，というのは禁句です。全ての問題は個人の中でいつでも最大級なのです。）自分が学年主任や生徒指導担当等ならば，次は代わりに対応する，という提案が救いになる場合もあります。もう完全に本人が折れている時や，職員の信頼関係が強い時はこれが効果的です。

　相手の心の重荷を少しでも下ろしてあげる手助けをそっとしましょう。

まとめ

本人の苦しさを理解して少しでも軽くすることを心掛けるべし。

＼リアクション？／

同僚への悩みや愚痴を
相談された時

｜スルー？＼

シチュエーション

　A先生と同学年のB先生とは，傍から見ていても折り合いが悪い様子です。何でもきっちりと行い計画性のあるA先生に対し，何事にも鷹揚でのんびりとしているB先生。ある日，A先生に「B先生は計画性がないし，やる気が感じられない。どうにかしてあげたい」というような相談を投げかけられました。一方で，B先生からは「A先生といると，いつも責められている気がして疲れるんだよね…」という悩みを以前から聞かされています。

　さて，あなたならどうしますか？

スルー

リアクション

　他人のことには首を突っ込まないということで，スルー，と思っていると大間違いです。そもそも両方から相談（あるいは愚痴）を受けているのにスルーしていたら，誰にでもいい顔をする一番信用できない人です。同僚，特に同学年内の人間関係というのは，自分自身に間接的にも直接的にも影響を及ぼします。「君子危うきに近寄らず」という言葉もありますが，この場合は逆です。近寄らないで放置していることが，自分自身への大きな危険にもつながります。チーム内でくすぶっている状態は，必ずチーム全体に悪い影響を与えるからです。確実に対応する必要があります。

　しかし，どちらを立てても角が立ちそうなこの状況。

　では，どうしたらよいのでしょうか。

互いの主張の「正しさ」の違いを見抜く。

　この手のズレは，よく起きます。人間というのは，一人として同じ考え・生き方というのはないからです。教師の側の価値観も多様です。同僚との関係の項の最初にも書きましたが，これら**揃わない価値観を揃えようとするのが苦しみの根源**になります。

　Ａ先生の「正しさ」は，計画通りにきちんとやることにあります。一方でＢ先生の「正しさ」は，何が起きても柔軟に対応して生きることにあります。どちらかが正しいのではなく，両方の正しさが共存しているのが最も望ましい状態です。リアクションの仕方ですが，双方の話をまずは聞きます。そしてそれぞれに，その正しさのお陰で自分も助かっていることを伝え，本人を認めます。Ａ先生には，Ａ先生がいてくれるからこそ，慌てずに物事がスムーズに進んでいます。Ｂ先生には，Ｂ先生がいてくれるからこそ，失敗した時にも励まされます。自分が認めていることをまずは伝えるのです。

　その上で，批判されている相手側に，少しでも助けられたことがないかを引き出します。Ａ先生には「Ｂ先生は，Ａ先生があれで失敗した時にも大丈夫って言っていたよね」などという肯定的な反応を，たった一つでもいいので認めるように促します。Ｂ先生には「Ａ先生のお陰で学年が回っている面があって助かっているよね」といった感じです。とにかく一つでいいので引き出します。その上で，相手が認めていることを伝えます。これを繰り返します。**急に対立関係が収まることはありませんが，「まあそういう面で助かっている」と思うと，批判する気持ちが萎えていくものです。**

　お互いを立てて，**ゆるゆると協力できる関係**を作っていきましょう。

まとめ

価値観の違う者同士が共存する関係を心掛けるべし。

｜リアクション？｜

管理職など上の立場への
悩みや愚痴を
相談された時

｜スルー？｜

シチュエーション

　勤務校の管理職は，とても厳しい人です。提出物などの不備があると細かく指摘をし，完璧になるまで受理してもらえません。備品などの物の管理も厳しいです。同僚の中には「自分は結構いい加減なくせに，人にはものすごく厳しい。本当に嫌い」とあからさまに嫌悪感を示している人も少なくありません。職員室でも本人がいない時には，時々おしゃべりの話題にあがってきます。今日もその話になりました。

　さて，あなたならどうしますか？

 スルー　　**リアクション**

　今回の場合，「わかるー！」と同意してうんうん頷いているのも，反応しないのも，同様に「スルー」とみなします。聞いているけどそのままにしているからです。基本的には管理職相手にフォローはいらないので，これでも構いません。相手の方が立場も権限も上であり，本来こちらが頑張って擁護する相手ではないからです。しかしより良い職場づくりを考えるのであれば，単なるスルーよりは，リアクションを心掛けたいところです。同僚の批判を受けている管理職へのフォローが目的ではなく，自分たちが気持ちよく働く職場づくりのためという視点からのリアクションです。ただ，同意しないで色々と言っても，上から目線の逆に嫌な感じになります。

　では，どうしたらよいのでしょうか。

愚痴の裏にある罪悪感を見抜く。

　上司の愚痴。サラリーマンの集まる赤ちょうちんの典型的話題です。逆にいえば，上司への愚痴が全く出ない会社，組織というのはあり得ないということです。実際，どんなに多くの人が認める素晴らしい校長先生であっても，その校長と折り合いの悪い職員というのは必ずいるものです。これは先の同僚同士の場合と同じで，**価値観が違うということ以上に，立場の違いがある**ために，どうしても起きることです。ひたすら自分の勝手気ままに生きたい子どもに対し，学校の中において教師がそれを許すわけにはいかないということと本質は同じです。（そしてそれを許さない先生への陰口というのは，特に高学年以降の子どもにとって，一服の清涼剤のようなものです。）

　しかし，愚痴っている本人にも，気付いていなくても意識の底には罪悪感があります。極端な話，自分が完璧でありさえすれば注意を受けないわけです。そんな人がいるはずはありませんが，何かしら「やってしまった」と思う事実があるから，言われるわけです。そこの苦しみから何とか逃れたいので，愚痴っているだけなのです。

　したがって，まずは同意しつつも，「まあ，またそんな細かいこと言われるの嫌だから，次はこうするようにして，一緒に気を付けていこう。もう何も言わせないようにしちゃおうよ」という反応が定石です。つまり，**いい行動を「共謀」します。いいことを共謀して，「やり返す」ということです。そうすることで，みんなが幸せになります。**

　誰も傷つけずに，全員が得をする方法を講じるようにしましょう。

まとめ

管理職を穏やかに黙らせてあげるための「共謀」を心掛けるべし。

同僚との関係

＼リアクション?／

軽く扱われる同僚がいる時

｜スルー?｜

シチュエーション

　まだ若い新卒３年目のＡ先生は，誰に対しても腰が低くて，いわゆる「いい人」と言われるタイプです。しかし同僚の中にはこのＡ先生を軽く扱う人もいて，それを真似して初任者のＢ先生までもがこのＡ先生を見下すような言動をとるようになってきました。

　職員室内でも，「いじる」ような行為が日々見受けられます。

　さて，あなたならどうしますか？

 スルー　　　リアクション

　これはスルー厳禁です。組織ぐるみのいじめにつながるような状態です。いじっている人たちはもちろんですが，黙って見ている人も隠れた加害者です。神戸の小学校における教師同士の陰惨な事件がありましたが，こういったところから端を発しています。

　しかし，自分だけが声を上げるというのは，なかなかに難しいものだというのも百も承知です。まして，それをしている人が，自分がお世話になっている先輩教師である場合などは，なかなか自由に物を申すことも難しいでしょう。しかし，正しくないことは正しくないと声を上げることのできない教師から，それができる子どもが育つはずはありません。いじめかもしれない行為を容認する教師集団からは，そういう子どもたちが育ってしまいます。

　では，どうしたらよいのでしょうか。

見抜くポイント

いじられている本人の苦悩を見抜く。

　自分がやられていたらどう感じるか，というのが思いやりのスタートになります。これができない，つまり想像力が欠如している人は，残念ながら教師という職業には全く向いていないといっていいでしょう。それぐらい，教える人間にとっては決定的に必要な力です。

　今回の場合，明らかに「嫌だ」と思う人の方が多いはずです。入ったばかりの同僚にまで見下されていい思いをする人はまずいないでしょう。

　ここでのリアクション方法ですが，まず自分がこれに参加しないことは前提条件です。全体の「いじり」自体にはスルーです。その上で，自分の立場によってできることを選択していきます。自分がある程度経験のある立場なら，はっきりと周りにやめるよう言えばいい話です。そうでない場合，頼りになる人を探して相談するのがベストでしょう。同じように心を痛めている人が必ずいます。**この手の問題は大抵の場合，まともな人が二人以上いれば，何とかなります。誰にも言わないから問題が悪化するのです。二人以上で共通の問題になっていれば，必ず解決方法は浮かんできます。**

　難しいのが，「いじられる」というか，話題を振られて構われるのが本当に好きな人も一定数いるというところです。生粋のお笑い芸人のような人で，話を振られることを今か今かと待ち受けており，こういう人は周りを明るくします。特徴として，本人は完璧主義とは真逆でミスがかなり多いのですが，全く気にしないで全てネタにして笑いに変えてしまいます。こういう奇特な能力が見受けられる特別な人ではない場合がほとんどなので，「いじる」というような行為は基本的に極力控えるべきです。

まとめ

「いじる」と「いじめる」は紙一重と心掛けるべし。

＼ リアクション？ ｜

同僚があだ名で
呼ばれている時

｜ スルー？ ＞

　職員室での会話を聞いていると，教師をあだ名で呼んでいる声を耳にします。先輩教師が後輩の教師にあだ名を付けて呼んでいるようです。中には，呼び捨てにされている人もいます。

　さて廊下を歩いていると，ある教師が子どもからあだ名で呼ばれているのを耳にしました。どうやら，他の教師が子どもの前でもあだ名で呼ぶので，子どもが真似をしてあだ名で呼ぶようになってしまったようです。しかし様子を見てみると，人間関係がフラットになって，いいような感じもします。

　さて，あなたならどうしますか？

 スルー

リアクション

　個人的には，スルーしていても全く問題はないように思えます。しかしながら，子どもへの影響力ということを考えると，あまり好ましい傾向とはいえません。子どもは学校で，社会に出る時の人間関係の在り方をも学んでいるのですが，ものを教えてくれる立場の人に対して，あだ名で呼ぶというのが一般的かというと，かなり疑問が湧いてきます。

　しかし，先輩教師は学級経営にも授業にも定評があり，その人がやっていることであれば，間違いではないようにも思えます。しかし，自分が同じようにやられたら，何となく授業がやりにくいような気もします。

　では，どうしたらよいのでしょうか。

あだ名に潜む人間関係づくりへの強い影響力を見抜く。

　結論からいうと，子どもとあだ名で呼び合っても全く大丈夫な人もいます。これは，授業や学級経営が相当上手な人です。子どもが先生に対してどんな呼び方をしていても，別の面で常に尊敬と信頼の念を抱いているので，特に問題がないのです。むしろ，あだ名が丁度いいぐらいになります。

　ただこれを一般化するのが誤りのもと。**その素晴らしい先生ができているからといって，やたらと真似するととんでもないことになります。**多くの教師の場合，その人と違って，黙っていても尊敬・信頼されるような下地がないからです。ただでさえ下に見られがちなのが，さらに下になります。

　つまり，**教えるという立場にある以上，フラットな関係というのはないという前提が大切です。**たとえあだ名で呼ばれても，フラットにならずに上の立場になれるぐらいの信頼関係があるのが大前提なのです。逆に，それを築ける力があるのであれば，あえてあだ名で呼んでもらう手もあります。親しくオープンな関係になるには，あだ名は最適な方法でもあるからです。

　ここは，あだ名で呼び合うのは放課後の同僚同士での会話にとどめてもらうお願いをしておくのがいいでしょう。自分には力がなく，あだ名はやりにくいからと伝えます。基本的に職場での関係としては，「〇〇さん」と呼ぶぐらいの距離感の方が，何かとうまくいきます。なぜならば，それぞれの立場で仕事として言いにくいことも言わねばならない場面も多々あり，親しくなりすぎると，それを言いにくくなり，逆に閉鎖的になっていくからです。

　職場での呼び方は，仕事をやりやすくすることに重点を置きましょう。

同僚との関係

まとめ

職場では「〇〇さん」で程よい距離感を心掛けるべし。

リアクション?

職員室の乱れが気になる時

スルー?

　職員室を見回すと，物が雑然と積まれており，棚の中は乱れ放題。ところどころに埃が溜まっています。特に片づけようという声も上がらず，職員室内には独特の空気が流れています。いい言い方をするとリラックスしており，悪い言い方をするとだらしないです。

　職員室内での言葉遣いも気になることが多く，話題にあがっている子どもの名前を呼び捨てにしていたり，平気で誰かの悪口を言っていたりと，職員同士にもリスペクトが感じられません。それが気になって先輩教師に相談すると「別にいいじゃん。これぐらいで，カタいね」と言われました。

　さて，あなたならどうしますか？

スルー ＆ リアクション

陰で

　単にスルーしていては何も変わらないので，これに対し何かしらのリアクションを起こす必要があります。しかし相手の方が何かと強い場合，下手なリアクションをすると面倒なことになります。気になるから相談しているにもかかわらず「問題ない」と返してきているぐらいの人ですから，まともな対応をしていては疲弊します。

　しかし，自分としてはとても居心地が悪く，このままでいいとは到底思えません。物の乱れも言葉の乱れも気になります。

　では，どうしたらよいのでしょうか。

見抜くポイント

環境が人を作っていることを見抜く。

　よどんだ空気の職員室と，爽やかな風が吹き抜けるような職員室。私も両方体感したことがあるのでわかりますが，一歩入っただけでも感じずにはいられない大きな差異です。大抵は，その部屋の最も影響力の強い人物の意向を反映しているので，学年ごとに部屋が独立しているといった特殊な職員室の場合を除き，多くの場合は管理職の意向がその空気を作っています。

　そう考えると，一教諭でしかない自分が物を申して変えていく，というようなことは望むべくもありません。こういう場合，目立たず小さくコツコツと変えていくのがベストです。

　先の言動に対しては「そうですね。失礼しました」と爽やかに返しておきます。その上で，自分ができる範囲のことに着手していきます。

　まず**言語についてですが，周りがどうであっても，自分が求める極力丁寧な言葉遣いをしましょう。**子どもには職員室の話題にあがる時にも必ず「さん」付けをし，周りの人のいいところを見つけて意識的に伝えます。

　乱れているところは，片づけます。**みんな，誰か片づけないかなと思っているので，嫌がられることはありません。**別に隠れる必要はありませんが，「自分は物をよくなくしてしまいやすいので」などと理由を付けて，機を見つけて１か所ずつ片づけて，淡々ときれいな場所を増やしていきます。ついでに花など飾る余裕があればベストです。

　環境が変わると，驚くほど色々なことが変わります。空気が変わるからです。そうなれば言葉遣いが変わってくるのも，多分時間の問題です。

まとめ

淡々とした良い環境づくりを心掛けるべし。

COLUMN

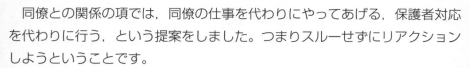

他人の重荷を背負うには余裕が大切
〜スルー or リアクション〜

　同僚との関係の項では，同僚の仕事を代わりにやってあげる，保護者対応を代わりに行う，という提案をしました。つまりスルーせずにリアクションしようということです。

　しかしこれは，自分が「損をした」と思ってしまうような状況の時は，絶対にしてはいけません。自分が参っている時に更に抱え込んだら，自分が潰れてしまいます。他人のことまで面倒を見るということは，自分自身に余裕がないとできません。自分の全てを他人に与えて幸せを感じられるというような，奉仕の最高精神に達している人なら別ですが，一般的には余裕のない時には与えられないものです。荷物を背負うには，覚悟がいるものです。

　これも，持ちつ持たれつ，という関係がわかっていればこそできます。**自分が余裕のある時に手を貸していれば，自分が助けて欲しい時には周りも自然と手を差し伸べてくれるものです。**ただしそれを暗に強要するような関係は望ましくありません。あくまで，それが当たり前の関係で，笑顔で自然に助けるだけです。**相手にも余裕がない時に求めるのはおかしいのです。だから全員が常に残業しているような学年は，確実に崩れます。**平時に余裕をもって定刻で帰る人がいるからこそ，非常時に特別対応ができるのです。メンバーがいつも残業している人だけで構成されていては，非常時に新たに加わった仕事に対応する余力が全くありません。より残業することになります。

　だから，いつも定刻で帰れる人がいたら，学年としてはとてもいい傾向です。それが全員に週１回でもあるようなら，相互に助ける余裕があります。余裕がある状態を当たり前にすること。学級なら子どもに「先生，いつも暇そうだね」と言われるのが最高の姿です。職員室でもこの法則は同様で，いつも余裕があると思われるような状態を目指しましょう。

あとがき

　本書を読んでみて，どうだったでしょうか。あとがきから読んでいるせっかちなあなた，まずは目次を読んでみてください。目次自体が，問いになっています。自分なら，スルーするか，何らかのリアクションをとるか，自分なりの答えをもってから読んでみると，何か発見があるかもしれません。

　しかし「まえがき」でも触れた通り，答えを予想して見抜くということ自体が，経験によっています。例えば，「今の状態から10年後の社会を想像してみてください」と言われても，誰にも予想ができません。誰にもその経験がないからです。若い先生ほど経験値がないために，問題の本質を見抜くどころか，予想することすらできない，というのが本音ではないでしょうか。それを「全て自分の頭で考えろ」と言うのは横暴ではないかと思うのです。もしもわかっていて対応できることなら，先に生きている人が教えてあげればいいのです。その上でも，時代に即した新たな問題は常に起きてきます。そちらに尽力できるように，先に生きている人間がわかることについてはフォローしてあげたいと思うのです。

　2021年現在，世界は新型のウイルスへの対応に苦慮しています。その前にも社会には問題が山積していたのに，その上に乗っかる形での新たな大問題です。今後も，今までがそうであったように，予想だにしないような新たな問題が次々と起きてくることでしょう。

　ただ，人間自体は変わらないと思っています。どんなに世の中のデジタル化が進んでも，人間関係というのは，とてもアナログです。点数のようにデジタルに処理できる部分は，そう多くありません。どんなに時代が進んでも，子どもは友達同士の関係に悩むでしょうし，教師はその保護者たる親との良好な関係を築くのに苦心していることでしょう。アナログな人間関係への方法は，何年経っても，何十年経っても使えるのではないかと考えています。

　本書のタイトルにある「スルー or リアクション」というのは，単なる手法ということに限らず，今日の教育の抱える問題点，本質的な部分を指して

いると考えています。どういうことかというと，今の教育には「無関心」と「関わりすぎ」の両面に問題があるということです。

　学校教育も家庭教育も同じなのですが，例えば勉強に関することです。子どもに一生懸命に勉強をすることをすすめたり，テストの点数には非常に関心があって関わりすぎるぐらい関わる一方で，子どもの真の願い自体には，実は無関心なのではないでしょうか。そこに「子どものため」という一見美しい言葉で表面を覆った，大人の欲望の醜さが隠れていないでしょうか。

　こういったことが，今の日本の教育の中に散見されます。真に子どものことを考えているのであれば，子どもが自力で獲得，あるいは克服できるものについては，大人があれこれ手出しをせずにスルーすべきです。一方で，子どもの声にならない叫び声をスルーしてしまってはいけません。そこはこちらから積極的に拾っていくべきところです。その状態を見抜くことです。

　例えば子ども同士の関係の項の友達関係についてですが，必要なところでは助けてあげるものの，最終的には自分たちだけで解決できるように力をつけていく必要があります。今まで以上に多様な価値観の人々と協働していく彼らにとって，「普通」から異質を排除しようとする原理からくる差別やいじめは，学校教育の中において解決し，決別すべき問題です。

　極論，スルーでもリアクションでも，子どもがより良く育つかどうかということが全てです。保護者との関係の項と同僚との関係の項で保護者や同僚について触れたのも，全ては子どもの成長のためです。そこの人間関係が悪いと，うまく教育活動が機能しなくなるのです。どう隠そうとしても，大人の姿が全て子どもの姿に直接的に反映する，ということをここでも強調しておきます。

　本書が一人でも多くの先生方の手に届き，それが子どもと先生方の笑顔につながることがあれば，著者として幸甚の至りです。

著者　松尾　英明

【著者紹介】 ＊執筆当時

松尾　英明（まつお　ひであき）

小学校教諭19年目。現在，千葉大学教育学部附属小学校におい
て，特別活動部として「クラス会議」を中心とした自治的学級
づくりを専門に研究。「教育を，志事にする」という言葉を信
条に，自身が志を持って教育の仕事を行うと同時に，志を持っ
た子どもを育てることを教育の基本方針としている。野口芳宏
氏の「木更津技法研」で国語，道徳教育について学ぶ他，原田
隆史氏の「東京教師塾」で目標設定や理想の学級づくりの手法
についても学ぶ。

【主な著書】

・『お年頃の高学年に効く！　こんな時とっさ！のうまい対応』
　（明治図書）
・『「あれもこれもできない！」から…「捨てる」仕事術─忙し
　い教師のための生き残りメソッド』（明治図書）
・『新任3年目までに知っておきたい　ピンチがチャンスにな
　る「切り返し」の技術』（明治図書）
・『やる気スイッチ押してみよう！元気で前向き，頑張るクラ
　スづくり』（明治図書　共著）
・メルマガ『「二十代で身につけたい！」教育観と仕事術』
・ブログ『教師の寺子屋』

学級経営サポートBOOKS

スルー？ or リアクション？
指導の本質を「見抜く」技術

2021年2月初版第1刷刊　©著　者　松　尾　英　明
　　　　　　　　発行者　藤　原　光　政
　　　　　　　　発行所　明治図書出版株式会社
　　　　　　　　　　　　http://www.meijitosho.co.jp
　　　　　　　　（企画）佐藤智恵（校正）武藤亜子
　　　　　　　　〒114-0023　東京都北区滝野川7-46-1
　　　　　　　　振替00160-5-151318　電話03(5907)6703
　　　　　　　　　　　　ご注文窓口　電話03(5907)6668
＊検印省略　　　　組版所　中　央　美　版

本書の無断コピーは，著作権・出版権にふれます。ご注意ください。

Printed in Japan　　　　　ISBN978-4-18-332812-0
もれなくクーポンがもらえる！読者アンケートはこちらから

お年頃の高学年に効く!

こんな時 とっさ!の うまい対応

松尾 英明 著

難しいお年頃
－高学年の子どもへのNG対応OK指導を知ろう

高学年の学級崩壊は教師と子どもの心が離れてしまったツライ状態です。そうならないために、本書でハジメテ先生から失敗例を、ベテラン先生から効果的な指導を学んでください。ダメな方法を知り決してやらないことがまず重要! 高学年女子や反抗的態度への処方箋です。

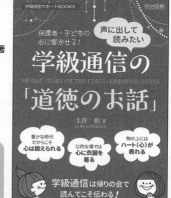

お年頃の高学年に効く!

こんな時 とっさ!の うまい対応

松尾 英明 著

| クラスでいじめがありそうな時は… | NG対応とOK指導に学ぶ |
| NG → OK | いじめはやめよう 見えないから教えて |

1406・四六判176頁・1700円＋税

学級経営サポートBOOKS

保護者・子どもの心に響かせる!

声に出して読みたい

土作 彰 著

学級通信の 「道徳のお話」

学級通信は帰りの会で読んでこそ伝わる!

学級通信は子どもの成長に役立つツールです。帰りの会では学級通信に掲載したお話を読み聞かせましょう。通信の内容を特別の教科となった道徳的な内容にすることで子どもの生き方に迫ることができます。そして保護者にもそんな教師の教育観を伝えることができるのです。

学級経営サポートBOOKS

声に出して読みたい

保護者・子どもの心に響かせる!

学級通信の 「道徳のお話」
MORAL STORY OF THE CLASS COMMUNICATION

土作 彰 著

豊かな時代だからこそ心は鍛えられる
公的な場では心に衣服を着る
物の上にはハート(心)が表れる

学級通信は帰りの会で読んでこそ伝わる!

0982・A5判136頁・1700円＋税

姉妹編 保護者・子どもの心に響かせる!声に出して読みたい学級通信の「いいお話」
[土作 彰 著 0920・A5判160頁・1800円＋税]

明治図書 携帯・スマートフォンからは **明治図書 ONLINE へ** 書籍の検索、注文ができます。 ▶▶▶

http://www.meijitosho.co.jp ＊併記4桁の図書番号（英数字）でHP、携帯での検索・注文が簡単に行えます。

〒114－0023 東京都北区滝野川7－46－1 ご注文窓口 TEL 03－5907－6668 FAX 050－3156－2790